U0464005

大学生自我管理

教育与实践

（特色社团）

主编◎何 兴 陈 亮

四川大学出版社
SICHUAN UNIVERSITY PRESS

图书在版编目（CIP）数据

大学生自我管理教育与实践．特色社团 / 何兴，陈
亮主编．— 成都：四川大学出版社，2023.9
ISBN 978-7-5690-6311-0

Ⅰ．①大… Ⅱ．①何… ②陈… Ⅲ．①大学生－自我
管理－研究 Ⅳ．① G645.5

中国国家版本馆 CIP 数据核字（2023）第 151092 号

书　　名：大学生自我管理教育与实践（特色社团）
　　　　　Daxuesheng Ziwo Guanli Jiaoyu Yu Shijian（Tese Shetuan）
主　　编：何　兴　陈　亮

选题策划：王小碧
责任编辑：王小碧
责任校对：廖仁龙
装帧设计：墨创文化
责任印制：王　炜

出版发行：四川大学出版社有限责任公司
　　　　　地址：成都市一环路南一段 24 号（610065）
　　　　　电话：（028）85408311（发行部）、85400276（总编室）
　　　　　电子邮箱：scupress@vip.163.com
　　　　　网址：https://press.scu.edu.cn
印前制作：成都墨之创文化传播有限公司
印刷装订：成都市新都华兴印务有限公司

成品尺寸：170 mm×240 mm
印　　张：12.5
字　　数：187 千字

版　　次：2023 年 9 月　第 1 版
印　　次：2023 年 9 月　第 1 次印刷
定　　价：39.00 元

扫码获取数字资源

四川大学出版社
微信公众号

前言
Preface

人才是一个国家发展的基础。国家发展靠人才，民族振兴靠人才。改革开放 40 多年，中国特色社会主义进入了新时代，我国经济发展也进入了新时代，新时代对人才的需求亦随之改变。新时代的发展需要"新人才"：德智体美劳全面均衡发展，具备较高的自我管理水平，能够独立自主地处理学习、工作和生活之间的关系，能将个人各项特点和能力有机结合。

高等学校作为人才培养的重要场所，肩负着为国家建设和发展输送人才的重要责任和使命。新时代党和国家对高等学校人才培养、学生管理也提出了新要求。中华人民共和国教育部令第 41 号《普通高等学校学生管理规定》第一章第三条指出，学校要科学管理，健全和完善管理制度，规范管理行为，将管理与育人相结合，不断提高管理和服务水平；第一章第五条明确提出实施学生管理应鼓励和支持学生实行自我管理、自我服务、自我教育、自我监督。大学生自我管理是高校大学生管理工作的重要组成部分，是高校治理方式和治理能力的重要载体。高校如何利用自身资源和优势，开展好大学生自我管理工作，培养符合新时代需求的人才，是新时代高等教育的重要命题。

在我国高等教育改革发展历程中，为把大学生培养成合格的社会主义建设者和可靠接班人，教育工作者在大学生自我管理方面付出了大量的心血和精力，采取了许多有效措施，进行了许多尝试和探索。但受环境、观念、资源、投入等因素的限制和影响，在这个过程中若没有激发大学生的主观能动性，没有发挥大学生"自我"的主观作用，忽视了大学生自我管理能力的培养，大学生缺乏自我认知教育、无法自我调控，那教育工作者采取的各种教育措施的效果将大打折扣，大学生自我管理教育的实际效果也会明显降低。

因此，在新时代背景下，高校大学生管理工作应创新学生管理工作理念，要坚持以"学生为中心"的教育理念，变学生管理为学生自我管理，师生共同参与、团结协作，在学生管理与自我管理中不断加强学生教育和学生自我教育、学生服务和学生自我服务，达到管理育人与管理育己的统一，以实现新时代高等教育的人才培养目标。

近年来，我国学术界很多学者对大学生自我管理进行了探讨，并取得了大量成果。河北农业大学黎鸿雁、邵彩玲、安涛的论文《大学生自我管理能力培养研究》认为，加强大学生自我管理能力的培养是大学生适应社会形势发展、开发自身潜能、提高自身综合素质的需要，对提高大学生管理的层次和水平十分必要。山东教育学院陈志强的论文《大学生自我管理研究》认为，充分调动大学生自我管理的主观能动性是通过充分认识大学生的时代特点，并按照大学生自我管理过程中的不同环节的要求，实施引导、帮助、指导、引领、提醒、教会、监督等措施。苏州卫生职业技术学院钱晓蓉、陈婷、赵乐、徐黎元的论文《大学生社团有效自我管理的调查与思考》认为，大学生社团是大学生思想政治教育和校园文化建设的重要载体，承担着传播和繁荣校园文化的作用，发挥学生社团优势的前提是学生们要学会有效的自我管理。

此外，2014 年 1 月，中华全国学生联合会下发的《关于加强和改进高校学生会研究生会建设的指导意见》明确提出：要明确团学工作格局，突出团组织的核心地位，充分发挥学生社团作为活跃校园文化骨干力量的积极作用。

这些理论成果和文件精神都为高校大学生自我管理教育指出了有益路径——充分发挥学生社团作用。基于新形势、新背景，结合《关于在高校实施共青团"第二课堂成绩单"制度的意见》要求，本书作者团队查阅了大量相关的文献资料，结合多年实践经验与工作探索，创作完成《大学生自我管理教育与实践（特色社团）》一书。

《大学生自我管理教育与实践（特色社团）》共分为六章：大学生自我管理概述、大学生自我管理实践、大学生社团的发展及其属性、大学生社团的功能和价值、大学生社团管理与活动评价、大学生自我管理与特色社团。重点阐释大学生自我管理相关内容，帮助大学生树立正确的自我管理思想，增强大学生的自我管理能力，提高大学生的道德修养，落实德智体美劳全面发展的教育要求；旨在结合大学生社团，利用学校特色社团资源，开展大学生自我管理教育与实践，调动大学生参与自我管理的积极性，最终实现学生自我成长的良性目标。

笔者在编写过程中查阅了大量的报纸杂志、相关论著等，并汲取了其中的有益成果。在本书出版之际，向原作者、奋斗在高校学生管理工作一线的教育工作者表示最衷心的感谢和敬意！向参与编写工作的各位同仁表示最衷心的感谢！

由于作者水平有限，此书存在不妥、不足或错误之处，敬请读者谅解并批评指正。

何 兴

2023 年 8 月

目录
Contents

第一章
大学生自我管理概述

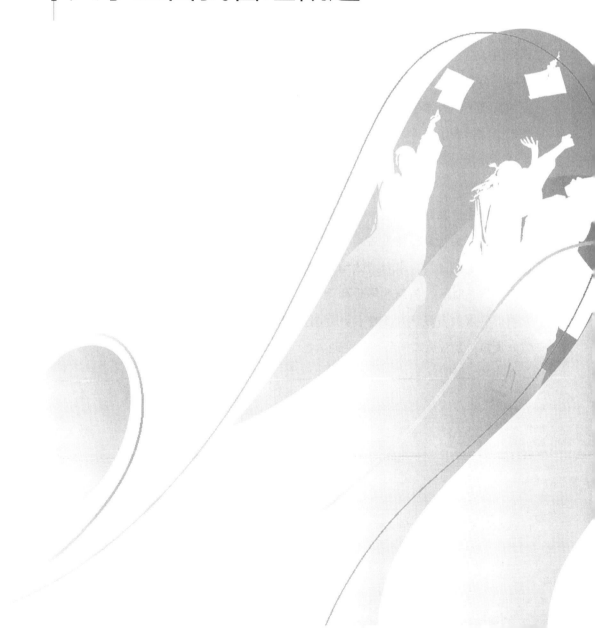

据教育部统计，2020—2023 年我国大学生毕业人数分别约为 874 万、909 万、1076 万、1158 万，未来一个时期，我国仍将面对巨大的就业增大压力。在大学生毕业人数众多的背景下，大学生面临着前所未有的激烈竞争，如何提升自身的综合能力？如何从竞争者中脱颖而出？希望大家能从本章找到答案。本章将对大学生自我管理进行系统的介绍和探究。

大学生自我管理是指大学生为了实现高等教育的培养目标以及满足社会日益发展对个人素质的要求，充分调动自身的主观能动性，卓有成效地利用和整合自我资源（身体、心理、时间、信息、思想和行为等），运用科学管理方法而开展的自我认知、自我计划与组织、自我监控、自我开发与自我教育等一系列的活动。[1]

---

1 李满林．大学生自我管理的内容及类型 [J]．辽宁教育行政学院学报，2007（5）：175-176.

第一节　自我管理的基本内涵

自我管理（self-management）又称为自我控制，是利用个人内在力量改变行为的策略，普遍运用于减少不良行为与增加良好行为的出现。自我管理注重的是一个人的自我教导及自我控制，即行为的制约是受自己的内控力量，而非教师、家长等传统的外在力量。自我管理涉及对时间、任务、情绪和行为等的有效管理。它要求个体具备良好的自律性、目标设定能力、时间管理技巧、情绪调控能力等，以便更好地应对挑战和压力，实现个人成长和成功。

一、自我管理的定义

当今学术界主要从心理学、哲学和管理学等范畴对自我管理进行探讨和研究。

◎（一）心理学范畴的自我管理

自我管理是个体通过自我控制、自我调节和自我激励等方式有效地管理自己的行为、情绪和思维，以达到个人目标的过程。

以弗洛伊德为代表的精神心理学派认为自我管理是自我对于"本我"和"超我"的协调，自我管理的目的是使用社会更接受的方式，满足人的生物本能，从而有效避免内疚。[1]

心理学家斯滕伯格（Sternberg）和维格纳（Wagner）在研究中发现，有效的自我管理技能可以使他们在生活的各个方面取得成功，从而强调自我管理的重要性。这种自我管理需要人为发现或创设良好的外部环境，方能获得有效的自我知识，提升自我意识，最终提高自我管理水平。[2]

1　弗洛伊德.弗洛伊德文集：第八卷 [M].汪凤炎，郭本禹，译.北京：九州出版社，2014.
2　李晨园.自我管理视角下的研究生奖助制度研究 [J].社会科学，2020（1）:13.

◎（二）管理学范畴的自我管理

美国管理学家彼得·杜拉克在《21 世纪的管理挑战》中论述了自我管理问题。他认为，随着知识经济的兴盛，知识工作者成为社会的主导阶层，对知识工作者的管理必须顺应他们的特点，使他们从管理的客体变成管理的主体。[1]

我国学者郭海龙认为，自我管理是一个管理过程，即由自我认识、自我设计、自我学习、自我协调和自我控制等步骤连贯而成的管理过程。[2]

◎（三）哲学范畴的自我管理

哲学领域研究的自我管理，是对传统管理理论和实践进行深刻反省后的产物，它将管理的对象由外部移到内部，转到人自身，将管理主体与客体融合为一人。自我管理是指个体在社会活动中，主我能动性地对客我进行体察和反思、调整和改造，处理自我矛盾，实现自我协调与自我发展以及与组织和社会良性互动关系的实践方式。[3]

综上所述，自我管理是心理学、管理学、哲学等多领域的重要研究内容。通过对当下自我管理相关内容进行综合分析，笔者认为，自我管理是个人以自己合理的价值观为基础，提出目标，并整合时间、知识、技能、信息、情绪、情感等方面的资源，调节控制自己的心理活动和行为，实现个人目标的过程。

第二节　大学生自我管理现状与改进策略

笔者在前期的研究工作中，对三所高校的学生、教职工开展过大学生自我管理现状问卷调查。本次调查共发放问卷 3667 份，其中，参与调查的教职

---

1 彼得·杜拉克 .21 世纪的管理挑战 [M]. 刘毓玲，译 . 北京：生活·读书·新知三联书店，2000.

2 郭海龙 . 国内自我管理研究存在的问题与出路 .[J]. 重庆社会科学，2005，12（1）：93-96.

3 李方，刘金亮 . 当代视阈下的大学生自我管理研究 [M]. 北京：中国书籍出版社，2016.

工 201 名，大学生 3466 名。

本次调查结果显示：45.33% 的大学生表示已经参与到了大学生自我管理工作中，43.25% 的大学生认为目前大学生自我管理重管理、轻服务，26.57% 的大学生认为目前大学生自我管理模式不健全，82.54% 的大学生希望学校推行大学生自我管理并愿意参与到自我管理的工作中，81.59% 的教职工同样希望学校推行大学生自我管理。

一、大学生自我管理现状

结合调研成果、问卷采集数据、相关理论研究和实际工作经验，笔者对大学生自我管理现状得出如下结论。

◎（一）当前大学生自我管理能力不足

大学生在进入大学前，很多事情皆有学校和家长双方的严格管理和约束，长时间处于被管理的地位，没有自我管理经历，导致他们在学生就业、生活方面等的自我管理中存在明显的行动力不够、能力不足。[1] 这种不足主要体现在行为习惯管理、学习管理、时间管理、职业规划管理、情绪管理、自我认知、目标管理等方面。

◎（二）大学生自我管理理念缺乏创新、管理手段落后

我国高校学生管理理念陈旧、手段落后，缺乏创新精神。石智生认为出现该现象的原因之一是高校过于重视教育，对于管理存在轻视现象。[2] 传统的大学生管理无法满足新时代教育事业发展的需求。

◎（三）大学生自我管理体系混乱

高校学生管理工作范围广、管理内容复杂，导致学生在开展自我管理时

1　席仪琳，徐红，张欣柳，等 . 新时代背景下大学生自我管理情况研究 [J]. 长江丛刊，2021（8）：50-51.

2　石智生 . 民办高校学生管理工作的特点和对策研究 [J]. 广西科技师范学院学报，2017（2）：29.

会涉及多部门；而各部门之间交叉运行时规章制度不统一或缺乏强有力的沟通和协作，易导致学生自我管理开展困难。大学生自我管理体系混乱不堪，不利于大学生自我管理工作的开展。大学生自我管理需建立更为宽松的自我管理环境，充分发挥大学生个体主观能动性。

◎（四）缺乏大学生自我管理评价体系

高校在学生自我管理实施过程中，对自我管理成效的评价制度不够完善，评价体系的主体单一，评价方式单一，多采用"单向度的教师评价"形式对学生自我管理进行评价，忽视了学生主体的评价，制约了评价主体与评价客体的交流互动。大学生自我管理成效考核应以学校、教师、学生、家长意见共同组成，才能体现评价体系的客观公正性。

◎（五）缺乏以大学生终身发展为目标的长效机制

大学生自我管理应发挥高等教育终身育人特殊属性。目前大多大学生自我管理只局限于学生在校时间段，没有以学生终身发展为目标，忽视了学生毕业后对自身发展的需求。

◎（六）大学生自律性参差不齐

自律是自我管理的关键要素。一些大学生展现了良好的自律性，能够自我约束和激励，按照计划推进工作。然而，还有一部分大学生自律性不够，或者欠缺自律，容易受到外部干扰或放松对自己的要求。

二、大学生自我管理改进策略

新时代，大学生自我管理应以创新学生自我管理工作理念、手段为途径，以优化调整学生管理体系为突破，以大学生十年职业生涯规划为指导，以管理人员专业化、职业化建设及学生价值观培养为抓手，以科学公正的大学生自我管理评价体系为保障，增强大学生自我管理能力，促进大学生综合素质养成，切实提高高校人才培养质量。

◎（一）创新大学生自我管理工作理念、手段

大学生自我管理的对象是学生，因此大学生自我管理理念和手段要符合大学生特点，有针对性地管理。随着社会、经济的发展，新一代大学生的思想、性格都发生了变化，如果大学生自我管理仍聚焦于传统的单向"教育"理念及手段，必然难以适应新的状况。

◎（二）构建大学生自我管理新体系

目前大多数高校学生自我管理存在漏洞，管理机构分级不明确，经常出现多方参与管理一项事务或某一事务无人管理等现象。大学生自我管理涉及学生、辅导员、学生处、教务处、学院、学校等层面。新时代大学生自我管理必须优化调整学生管理机构，细化各个管理层的责任和义务，构建大学生自我管理新体系，以消除现有高校学生管理服务机构存在的弊端。

◎（三）实施大学生十年职业生涯规划

职业生涯规划对激发大学生自我管理内在动力和实现其人生价值有着举足轻重的作用，各高校必须充分重视大学生职业生涯规划教育，积极探索开展大学生职业生涯规划教育的有效途径，引导大学生实现自己的职业理想。新时代，高校应建立学生十年职业生涯规划制度，采取"4+3+3"模式：大学四年期间的学习计划、职业准备规划，毕业后的三年人生规划和三年毕业生服务。

◎（四）加强管理人员专业化、职业化建设，将学生价值观培养应用在大学生自我管理中

传统的高校学生管理工作是教师管学生；而新时代的大学生自我管理打破了传统观念，是教师带领、指导学生管学生、管自己，扩大了大学生自我管理参与面，形成了大学生是管理者和被管理者的局面。这也对我们管理人员提出了新要求。高校应通过人才培养、专业技能培训、管理人员个人能力提升、管理人员职级制等措施，建立专业化、职业化的管理队伍，为大学生

自我管理提供专业人才保障。一是提升教师队伍能力，保证自我管理指导有力；二是培养学生正确的价值观，保证大学生自我管理在社会主义办学道路上顺利开展；三是落实"为党育人，为国育才"的教育教学任务。

◎（五）建立科学公正的大学生自我管理评价体系

引导大学生建立科学公正的自我管理评价体系，还大学生评价主体地位，使大学生评价主体多元化，让评价从外部转化到内在、从形式转向实质、从被动转向主动，从而真正成为促进大学生全面发展的动力。学校、教师、学生、家长等各方面的评价结果，"劳动教育""课外阅读""专业社团"等"第二课堂"的成绩，学生各项考核数据（上课出勤率、寝室卫生情况、考试成绩、活动参与及获奖）等内容共同组成大学生自我管理评价体系数据库，作为大学生自我管理成效考核依据，以保证评价体系科学公正。

【案例分享】

"荣耀绵城"颁奖盛典

"荣耀绵城"颁奖盛典是绵阳城市学院为全面贯彻落实党的二十大精神，落实立德树人根本任务，进一步推进学生自主管理，巩固"三全"育人工作成效，把以"自我教育、自我管理、自我价值体现"为主题的"三自"教育管理体系贯穿于学生管理中，总结学年学生工作取得的成绩，表彰先进，树立典范，调动全校学生比学赶超的积极性，推动学生自主管理建设工作全面深入可持续发展而举办的大学活动。

图 1-1 2023 年"荣耀绵城"颁奖典礼现场

2023 年 6 月 6 日和 8 日晚上，绵阳城市学院分别在游仙和安州两个校区举行了 2022—2023 学年度"荣耀绵城"颁奖盛典。颁奖盛典由校党委主办，学工服务中心、校团委承办，行政服务中心、教学服务中心协办。"荣耀绵城"共设 12 类奖项。其中自治先锋评选标准如下。

一、思想素质方面

坚决拥护中国共产党，理想信念坚定，道德品质高尚，具有较强的社会责任感。

二、自治管理方面

1. 积极参与学生自治管理，担任学生自治管理岗位；

2. 至少主导组织了 1 场具有影响力的活动（线下参与活动的人数达 500 人次以上）；

3. 自觉性高，工作能力强，在学生自治管理方面起到模范带头作用。

三、学习成绩方面

1. 学习态度端正，积极向上；

2. 加权平均绩点排名全年级前 50%，无挂科。

图 1-2 2023 年自治先锋获奖者

第三节　大学生自我管理的内容

如何有效提高大学生的自我管理能力？首先要对大学生自我管理的内容有一个基本的了解和认识。本节将对大学生自我管理的内容进行一个归纳总结，然后对如何有效提高大学生的自我管理能力进行研究和探讨。

我们把大学生的日常生活分为两个部分：物质生活和精神生活。物质生活主要包括衣食住行。精神生活主要包括世界观、人生观、价值观的确立和改造，理想的选择，思想品德的修养，知识的追求和探索，文艺欣赏和娱乐，以及人际社交等。

结合大学生生活现状我们将大学生自我管理进行如下划分。

一、思想政治方面

思想政治方面的自我管理具体包括理想与志向自我管理、思想品德自我管理。

理想与志向是解决大学生困惑的重要力量，能引导大学生走出现实生活中带来的各种困扰，在精神上给予大学生强大的支撑，让他们能够坚定不移地朝着理想前进。大学生理想与志向的自我管理应该从以下几个方面做起：

1. 养成科学的理性思维方式；

2. 确立理性、现实、崇高、健全的人生信仰；

3. 积极实践，发扬艰苦奋斗精神。

培养大学生养成优良的思想品德是思想政治教育工作的重要任务，是学校、学工部门、辅导员的重要日常工作，也是大学生形成正确的世界观、人生观、价值观的迫切需求。

大学生思想品德方面的自我管理，需要通过具体活动实施。除常见的党团组织活动、主题班会、主题教育等，学生还可以参加校内自行组织开展的其他校园活动，这对大学生的思想品德自我管理具有一定帮助。大学生思想品德的自我管理应该从以下几个方面做起：

1. 传承、弘扬、践行社会主义核心价值观；

2. 培养积极的价值取向和人生追求；

3. 树立统一、和谐、利他的人生价值观；

4. 尊重劳动、崇尚劳动、热爱劳动，脚踏实地、艰苦奋斗。

二、纪律方面

纪律方面的自我管理具体包括上课出勤、课堂表现、考试诚信、行为习惯。

纪律是保障高校正常教学活动的必要条件之一，是学生能够安心学习的基础条件。纪律也是大学生自控能力、综合素质方面的重要体现。良好的纪律依赖于自控能力，自控能力能够帮助学生及时发现和反馈自己在学习和生活方面是否符合当代大学生的要求。自我控制的机制一旦形成，大学生自身的自我管理效果、教育成效将大幅提升。

三、学习方面

学习方面的自我管理具体包括学习目标制定、学习计划实施、学习任务完成、学习成果总结、学习习惯养成。

学习是一个需要用脑谋划、用心学习、身体力行的过程，离不开个体的主观能动性。首先，大学生结合专业特点、兴趣爱好、自身特长、实际情况等要素量身制定学习目标；其次，根据目标制订详细的短、中、长期学习计划；再次，将计划划分为具体的某些任务；最后，按计划对自己进行考核评价和总结归纳，形成经验和教训，鞭策自己不断成长。

四、行为习惯方面

大学生自我管理的重点应是养成良好的行为习惯，包括穿着习惯、饮食习惯、作息习惯等。良好的行为习惯会使同学们终生受益，是个体走向成功的必备条件之一。

穿着习惯方面。衣着是展现大学生风貌的重要手段，在一定程度上体现一个人的审美水平和综合素养。男生衣着要干净利落，女生衣着要端庄大方，展示出大学生的青春朝气。

饮食习惯方面。要以身体健康为目的，不暴饮暴食、不酗酒，按时就餐，均衡膳食。

作息习惯方面。大学生宿舍是一个集体空间，需要大家共同维护，才能形成一个良好的学习、生活场所。其关键在于作息规律，按时熄灯睡觉、按时起床。

五、人际交往方面

人际交往指"人们运用语言或非语言符号交换意见、传达思想、表达感情和需要等的交流过程，包括物质交往和精神交往"[1]。

人际交往的主要理论包括社会交换理论、自我表露理论、交往分析理论、需要层次理论。

人际交往的过程包括定向阶段、情感探索阶段、感情交流阶段、稳定交往阶段。

大学生的人际交往具有感情色彩浓、富于理想色彩、交往范围大、平等意识和自主意识强等特点，主要关系有同学关系、师生关系，主要形式包含学习、文娱活动、上网、沙龙聚会、社会实践等，受自身因素、家庭因素、学校因素、社会因素、网络因素等影响。人际交往是个人社会化的必经之路、是获取知识的重要手段、是培养良好个性的需要、是认识自我的途径、是维持心理健康的基本需要、是联系社会的桥梁、是事业成功的重要条件。目前，大学生人际交往主要存在社交自卑、社交自负、社交恐惧、社交封闭、沟通不良、交往功利心过强、对交往过度投入、嫉妒心过强、失去原则等问题。

综合上述情况，大学生人际交往方面的自我管理需要从提高对人际交往的认识、遵守人际交往的基本原则、塑造良好的自我形象、注意人际交往过程中的礼仪、掌握人际交往技巧等方面着手。

【案例分享】

大学生自我管理案例

小王是绵阳城市学院风景园林设计专业的一名大一学生，在大学的第一学期中，因刚进入大学，失去父母管控的日子让他在自由中失去了

---

1 许德宽，朱俊梅．大学生心理健康教育 [M]．北京：清华大学出版社，2009．

自我、迷失了方向，最后他学习成绩下滑、生活习惯混乱。绵阳城市学院为实施大学生自我管理，多年来一直在尝试各类方式方法，2023年上学期实施"人生导师制"，给每位新生都配备了人生导师，小王同学也有自己的专属人生导师。为了改善这种情况，小王同学和他的人生导师根据他的实际情况，共同制定了一份自我管理方案。

首先，小王设定了提高学习成绩和树立健康生活习惯的目标。

接下来，小王制订了计划和时间表。他每天早上设定目标，列出当天要完成的任务，并为每项任务设定时间限制。他将重要且紧急的任务放在优先处理的位置，并合理分配时间和精力。

小王还制订了学习计划。他规划每天的学习时间，并安排不同科目的复习内容。他采用了多种学习方法，如阅读、笔记、思维导图等，以提高学习效率和记忆力。

为了健康生活，小王建立了良好的作息时间表。他确定了每天的起床时间和睡觉时间，并保证每晚有充足的睡眠。他还合理安排饮食，保持均衡饮食，并定期进行锻炼来保持身体健康。此外，他也参与一些社交和兴趣活动，以保持心理健康。

为了提高时间管理能力，小王学会了合理利用碎片时间。他意识到手机是他经常浪费时间的工具，因此他设定了自己使用这些设备的时间，并将闲暇时间用于学习或自我提升。

在自律方面，小王养成了良好的习惯。他按时起床、按时上课、按时完成任务，并且避免拖延行为。他还为自己设定了奖励机制，当他达到一定的学习目标或生活习惯时，他会给自己一些小奖励。

小王主动寻求帮助和支持。他与同学建立了学习小组，大家相互讨论和分享学习经验。他也经常向专业教师、人生导师和辅导员请教问题，并接受他们的指导和建议。

通过不断反思和调整，小王成功地提高了学习成绩，养成了良好的生活习惯。他懂得了如何自主管理自己的时间、学习和生活，这使他在后面的大学生活中取得了更好的成绩和全面发展。

这个案例展示了一个大学生是如何通过自我管理来改善学习和生活的。每个人的情况不同，自我管理方法也会不同，但这个案例可以启发我们思考如何合理规划和组织自己的大学生活，并建立良好的学习和生活习惯。

第四节　大学生自我管理的重要性

一直以来，大学生中普遍存在厌学、逃课、作息不规律、生活能力差、自控能力差、缺乏斗志、理想信念缺失、职业规划不清、同学关系紧张等各类问题。随着新时代大学生对个性的追求，问题学生所占比例也不断在提高。如何有效解决种种问题，降低问题学生比例？除了学校的日常管理和思想政治教育外，最重要的是大学生必须学会为自己负责、学会自我管理。

自我管理起源于临床医学领域，慢性疾病患者通过自我管理逐步实现身体和心理的恢复。随后因其强大应用价值，被其他领域学者窥见，从而被引入教育学、心理学、管理学领域，并在这些领域蓬勃发展。大学生自我管理的重要意义主要体现在学生个人全面发展、社会发展、对高校学生管理工作的影响等方面。

一、大学生自我管理对个人全面发展的重要性

自我管理贯穿个人全面发展的全过程，通过自我管理，个体能在不断的创造性活动中体现个人的优势，培养和造就自我的各种能力，最终实现自我

价值，达到个人的全面发展。

目标是大学生成长的根本方向，实现个人全面发展的关键策略是目标导向。大学生应通过提升自我认知、制定个人规划等方式确定合理的个人全面发展目标；分析自身优势与劣势，明确个人发展的关键性问题，通过围绕个人全面发展的最终目的合理地进行自我设计，制定出个人全面发展的总体目标和阶段性目标。

◎（一）完善自我需要

个体在不断解决自我矛盾的过程中完善自己。大学生的自我管理过程正是个体自我完善的过程。人的自我意识由物质自我、社会自我、精神自我组成。自我意识分为主体自我、客体自我、理想自我、现实自我等形式。主体自我不断认识和改造客体自我，理想自我不断评价和塑造现实自我。大学生在自我管理中改造自己、塑造自己。

◎（二）创造自我价值需要

大学生的价值集中体现在自身具有的知识、能力，以及能够凝聚、启动并发挥这些知识和能力作用的、为社会创造价值的良好心理素质、道德素质、思想素质、政治素质以及身体素质[1]。就大学生而言，可以通过有效的自我管理活动，科学地分配自己的时间、知识、信息、能力、特长等资源，形成自身价值并付诸实施，最终使自身的素质得到提高。

◎（三）自我实现需要

马斯洛认为自我实现需要是人的根本需求。一个完整的人性，需要满足基本需要和超越性需要。"只有在为我们所缺乏的事情而奋斗时，在希望得到我们所没有的东西时，在我们将自己的力量积蓄起来以便为满足这种愿望而奋斗时，才会把自己的各种本领都最大限度地施展开来。"[2]综上所述，大

1　叶宁. 大学生自我管理能力影响机制评价 [M]. 北京：知识产权出版社，2015.
2　马斯洛. 人格和动机 [M]. 许金声，陈朝翔，译. 北京：华夏出版社，1987.

学生自我实现需要离不开自我管理的过程。

从本质上讲，大学生全面发展的要素不仅仅包括智力、情绪、性格、知识等某个指标，关键在于各指标之间的相互融合、有机结合。这种超强融会贯通能力，依赖于个人的自我管理水平。所以大学生必须具有较强的自我管理能力，该能力能帮助他们高效合理地安排各项学习、工作、生活任务；也能帮助他们养成良好的基本素养，达到口中有德、目中有人、行中有爱的目标。

二、大学生自我管理对社会发展的重要性

以技术革命为背景，人类社会正在经历从工业社会向知识经济社会的转变。知识经济社会以科学技术为内涵，以高新产业为特征。20 世纪 90 年代开始，作为科学技术载体的人才已成为经济知识社会国际竞争的焦点，推进人才强国和实施科教兴国已成为中国发展社会主义市场经济、增强国际竞争力的战略抉择。

知识经济社会的特点是以知识的生产、分配、使用为特点的可持续发展；劳动力结构、生产要素、管理模式等都发生了改变。这些变化迫使大学生需要掌握提升自我认知、学会时间管理、制定职业规划、加强自我学习、合理自我控制等众多自我管理能力。

◎（一）满足社会劳动力极其结构变化的新需求

知识经济社会的主要特点包括资源利用智力化、资产投入无形化、知识利用产业化、经济发展可持续化。这些特点导致劳动力及其结构发生重大变化，由体力劳动者为主转变为知识劳动者为主，科学劳动、管理劳动在社会生产和经济生活中起着越来越重要的作用。

知识劳动者具有拥有重要的生产资料（存于自身的知识）、成就动机强、劳动过程监控难等特点。在此基础上，大学生要想更好地发展，就必须通过自我管理激发自己的潜能、正确认识自我、合理自我规划，将自己的知识资

源转化为生产力，提高个人劳动生产率，才能在激烈的知识经济社会中竞争取得优势。

大学生是知识劳动者的代表，应当做自己的主人，发挥主观能动性，通过自我约束、自我激励、自我控制使自己具备胜任工作的能力。

◎（二）有效应对社会企业形式的变革

知识经济时代企业的组织结构体现为三个新的特征：有助于企业捕捉市场机会，降低交易成本；有助于企业的信息交流，实现知识的创新与深化；有助于增强企业员工的创造性、主动性和合作精神。企业形式变革的主要方向：组织结构的边界由封闭状态变为半渗透边界、组织结构的扁平化、组织结构团队化、组织结构网络化。

传统组织结构是封闭的，管理的范围主要限定在企业边界之内。而随着经济发展，外部环境的巨变，大规模组织的局限性与信息传递速度的加快，合作伙伴关系成为一种集中力量、共担风险、迅速决策的柔性模式。企业联盟、虚拟性企业、转包等复杂性组织形式出现。

组织结构的一个重要特征就是管理层次和管理幅度，知识经济时代其变革方向概括起来就是缩小规模、减少层次、实现扁平化。这是因为知识经济时代，一是信息网络和计算机网络的发展，企业内部信息的搜集、传递、分析与处理大部分将被计算机取代，原来需要多层中间管理者完成的工作现在完全可以由电脑完成。二是随着产品科技含量的不断提高，产品生命周期的缩短，竞争越来越激烈，高效运行机制显得尤为重要。三是由于企业员工素质的普遍提高，独立自主解决问题的能力较强，使管理者与下属之间可以更快、更好地沟通，使得管理者管理幅度加宽。[1]

这是知识经济时代企业组织结构的一般发展趋势，不同的组织形式各有其特点。大学生应根据自身的特点、优势，提升个人的专业知识和素质能力，

---

1 孔宁宁.知识经济下企业组织结构的变革[J].商场现代化，2007（23）：78-79.

以应对企业形式的变革。

◎（三）适应企业管理及工作制度的变化

知识经济时代，企业的管理的重心从"机器"转变为"人力"。只有人的潜力发挥出来，企业才能获得更多的收益，企业也才能具有更强的生命力。企业管理的目标是个人，主要体现为被管理和自我管理，但最终的管理成效体现为员工的个人管理，这是个体的主观能动性决定的。所以对于当代大学生而言，自我管理的能力决定了未来你在企业的发展高度。

三、大学生自我管理是现代高校学生管理工作的必然要求

高校学生自我管理是高校整个管理工作的重要组成部分，是高校学生管理工作的终极目标。可以说高校学生自我管理状态的优劣是衡量高校学生管理工作水平高低的有效尺度。传统的高校学生管理工作多是学校或管理者对大学生进行由上而下、由外而内的一种管理方式。这往往缺乏管理者与被管理者之间的双向互动、沟通与交流。由于社会环境和教育对象特征的改变，这种管理方式的效果不是很理想。

笔者认为，对人的管理特别是对大学生的管理，应以自我教育、自我管理为主：以自律为主，辅以他律，使他律与自律有机结合、统一起来；由被动管理变主动管理，发动学生的主动管理是推动学生主动参与到管理工作的中的重要方式。大学生自我管理实现了高校和谐校园建设工作中学生的积极性和创造性，也为其他各项工作的完成提供了服务与保障。[1]

新时代对育人工作提出了新的要求，为培养符合新时代中国特色社会主义要求的合格建设者，我们需要运用更多现代化的管理手段，将学生自身的主观能动作用发挥到学生的管理工作中来，提升学生自我管理效率，增强学

1　陈光军.和谐校园建设与大学生自我教育自我管理[J].安徽电气工程职业技术学院学报，2008（2）：110-114.

生自我成才意识，实现大学生自我管理。

自我管理需要时间和实践，考验自律和坚持，持之以恒才能取得良好的效果。良好的自我管理能力有助于提高学习和工作效率，帮助大学生成长成才。

【案例分享】

绵阳城市学院共青团"第二课堂成绩单"制度 实施办法（2023 版）

第一章 总 则

第一条 为全面贯彻落实《关于加强和改进新形势下高校思想政治工作的意见》《关于深化教育体制机制改革的意见》及《高校共青团改革实施方案》有关精神，着力提高人才培养质量，深入推进我校"三自"管理（自我教育、自我管理、自我服务）改革，切实促进学生成人成才成功，根据学工服务中心《绵阳城市学院评估指标项目建设工作组规划 2022—2024 学年）》提出的做好学校本科教学合格评估涉及的学风建设与学生指导工作要求，结合我校实际，特制定《绵阳城市学院共青团"第二课堂成绩单"制度实施办法（2023 版）》。

第二条 我校"第二课堂成绩单"制度实施以培养应用型人才为宗旨，以"教中做""做中学""学中悟"为理念，以培养"有理想、多专多能、会创造"的大学生为目标，实现"三自"管理与应用技术型人才培养相融合、"三自"管理与综合素质养成相融合、"三自"管理与学生创造能力培养相融合。通过"第二课堂成绩单"制度，激励学生广泛参与各类活动，促进能力素质的均衡发展，提升就业竞争力。

第三条 我校"第二课堂成绩单"制度主要任务是：编制与我校人才培养计划相适应的课程体系；开发"活动项目化、项目课程化、课程特色化"的"第二课堂"课程体系；完善激励和评价机制，保障"第二课堂"教育成效。

第二章　课程与学分

第四条　我校"第二课堂"课程项目体系按照《团中央学校部关于推广实施高校共青团"第二课堂成绩单"制度的通知》文件精神和要求将课程项目体系分为5个类别：思政素养、品格素养、专业素养、实践能力、创造能力。按课程内容分为2大模块，即必修课程、选修课程。通过两大模块培养学生的三大素养两种能力。

1. 必修课程。共设置4门课程，包含"入党启蒙教育""大学生劳动教育""社会实践""课外阅读"。

2. 选修课程。共设置3门课程，包含"大学生自我管理教育与实践（校园活动）""大学生自我管理教育与实践（特色社团）""大学生自我管理教育与实践（岗位体验）"。

各项课程（活动）对应学分、学时情况详见附件1、附件2。

第五条　我校"第二课堂"学分为必修学分。本科学生必须在毕业前修满10学分，认证获取至少120学时；两年制专升本学生根据实际情况，对修读课程不做要求，学分取得以学时认证为主，须在毕业前提交相应成果认证，认证成功达到96学时后方能毕业。

第六条　因身体疾病等特殊原因而修不满"第二课堂"学分的，经本人申请、专业学院（社区）审核、学生处审批，可视情况给予相应模块的学分减免。

第七条　每年6月、12月"到梦空间"网络管理系统学时申请功能开放，"第二课堂"认证中心将组织各级进行审核、认定工作；6月、

12 月底完成该学期"第二课堂"课程学时认定，并公示及备案。

<h2>第三章　工作机构</h2>

第九条　学生"第二课堂成绩单"制度实施组织机构主要由校、院（社区）组成，分别负责各级"第二课堂成绩单"制度工作的指导、规划、实施和活动学分认证。

第十条　学校成立"第二课堂成绩单"制度实施工作领导小组，詹廷君担任主任，何兴担任副主任；教研处、学生工作处、校团委、教务处、信息中心及各专业学院学工负责人（社区区长）为成员。领导小组负责"第二课堂成绩单"制度实施方案的制定，统筹教育教学资源、部门协同，监督"第二课堂成绩单"制度实施，裁决学生对"第二课堂成绩单"制度相关活动结果的申诉。

第十一条　各专业学院（社区）成立"第二课堂成绩单"制度实施工作组，由专业学院学生工作负责人（社区区长）任组长，辅导员（人生导师助理）、学生干部为成员，负责组织本学院（社区）"第二课堂成绩单"制度实施认定工作。内容主要为支持"第二课堂成绩单"制度开展、审核本学院（社区）"第二课堂成绩单"制度学时认定结果并在学院（社区）网站统一公示、在教务系统进行成绩录入等工作。

<h2>第四章　组织实施</h2>

第十二条　校、院（社区）按要求做好"第二课堂成绩单"制度的项目规划、组织实施、活动指导、活动认证，强化活动保障，严格考核标准，努力构建学生主动参与、教师热心指导、体系科学合理的组织管理和评价激励机制。

第十三条 科学编制活动规划，每年统一规划全校"第二课堂成绩单"制度课程活动，分别形成校、院（社区）"第二课堂成绩单"制度课程活动规划，具体规划原则如下：

1. 分类计分。"第二课堂成绩单"制度相关活动分为学时类活动和非学时类活动，学时类活动是指纳入校、院（社区）规划的活动，学生参与此类活动认证学时；非学时类活动是指未纳入校、院（社区）规划的活动，此类活动不再认证学时。

2. 分层规划。"第二课堂成绩单"制度相关活动分校、院（社区）两个层次进行规划，校级活动重在拓展学生综合素质，院（社区）级活动重在拓展学生专业素质；社团活动根据其挂靠单位情况纳入相应的校级规划或院（社区）级规划；其他组织可在校、院（社区）规划活动外，根据班级实际另行设计活动，但该活动不纳入"第二课堂"成绩单制度学时认证，全校形成"学校规定活动＋学院（社区）特色活动＋其他任选活动"的活动体系。

3. 分级设计。"第二课堂成绩单"制度活动针对不同年级、专业的学生进行设计，一年级学生重专业学业导航，二年级学生重专业素质拓展，三年级学生重就业创业导航，四年级学生一般不再统一规划活动，学生可根据"第二课堂成绩单"制度学分完成情况自主安排。

第十四条 "第二课堂成绩单"制度相关活动实行分级管理，按校、院（社区）二级组织实施，主办单位应按以下程序开展活动：

1. 活动审批。主办单位须在每学年初按要求填写附件3和附件4，并报学校审批。未纳入规划的临时性活动由各专业学院（社区）审批后报学校备案。

2. 活动公告。主办单位要在相对固定的地方和学生工作网页内设置绵阳城市学院共青团"第二课堂"专栏，及时发布活动通知、活动学时等相关信息。

3. 活动组织。活动举办单位要科学制定活动方案，在规定的时间、地点和范围内精心组织活动，确保活动安全有序、质量可控、取得实效。除学校统一组织的社会实践、志愿服务等活动外，学生未经批准不得在校外组织活动。

4. 活动总结。活动结束后，主办单位及时做好活动宣传报道、材料归档、学时认证、书面总结等工作。

第十五条　活动主办单位要选配热心学生工作的相关领域专家、教师担任指导教师，指导学生制定活动方案并组织实施。

第十六条　各部门、各学院（社区）均应创造条件，支持学生参加"第二课堂"相关活动，在时间、场地、经费等方面提供保障，确保"第二课堂"相关活动的顺利进行。

1. 时间保障。学校安排固定时间，专门用于学生开展"第二课堂"相关活动，以保证活动的正常有序开展。

2. 场地保障。各单位要为学生开展"第二课堂"相关活动提供必要场所，及时做好学生活动场所各种设施的维护工作。

3. 经费保障。"第二课堂"相关活动经费由活动组织相关部门负责落实。

第五章　学分认证

第十七条　按照"谁主办、谁认证"的原则，主办单位应在活动结束后，按标准及时对参加活动的学生认定学时。学期结束前，各主办单位要将本学期活动学时认证情况汇总并报学生处存档备案。

第十八条　"第二课堂"相关活动分为国家级、省级、校级、院级

（社区）、其他五个级别，每个级别根据活动的规模、时间、难易等分为三类。同类别下一级活动分值原则上不能高于上一级，活动不重复计分，逐级选拔的活动只计最高分。具体分值以活动通知为准。

第十九条 "第二课堂"学时录入使用"到梦空间"网络管理系统认证管理。主要针对学生参与活动的情况，建立系统的记录、审核、评价机制。包括6个层面的评价方式。

1. 级别评价。学生参与活动或项目属国家级、省部级、校级、院级（社区）及其他等。

2. 学时评价。学生参加活动或项目经相关部门认证后的学时，一般以参与次数计时。

3. 奖项评价。学生参加活动或项目获得的等级类的成绩，一般用特／一／二／三等／优秀奖或冠／亚／季军等表示。

4. 角色评价。学生参加活动或项目所承担的任务分工，一般分为发起者、组织者、参与者三种角色。如果是团队参与，还要通过排序先后确定贡献程度大小。

5. 荣誉评价。学生参加活动或项目获得的荣誉称号，如各类先进个人／优秀标兵评选。

6. 考核评价。学生参与"第二课堂"的评价，一般以一学期为时间段，根据综合表现给予优秀、良好、及格、不及格分级评价。

第六章 附 则

第二十条 各学院（社区）要结合实际，制定切实可行的实施细则。新生入学时，要组织新生认真学习本方案和校、院（社区）有关规定，帮助学生明确有关要求，指导学生积极参与"第二课堂"相关活动。

第二十一条　对违反校纪或在学时认证中弄虚作假的学生，学校将取消该生本学年"第二课堂"相应模块的学时；对徇私舞弊和不负责任的单位和个人，学校将视情节给予通报批评直至纪律处分。

第二十二条　学生参加"第二课堂"相关活动情况纳入学生学年综合测评和评优评先，相关办法由学生处另行制定。

第二十三条　本方案实施对象为2023级及以后全日制在校生。

第二十四条　本方案最终解释权归学生处。

附件1

绵阳城市学院共青团"第二课堂"课程安排计划表

序号	课程名称	课程类别	学时		学分	课程结构	开课学期		开课单位	协作单位	考核办法
			理论	实践			理论	实践			
1	入党启蒙教育	必修	8	8	1	理论+实践教学	1	1	马克思主义学院	教研处	考查
2	大学生劳动教育	必修	8	24	2	理论+实践教学	1～2	1～2	教研处	教研处	考查
3	社会实践	必修	8	24	2	理论+实践教学	2	2	校团委	教研处	考查
4	课外阅读	必修	0	16	1	理论+实践教学	1～6	1～6	图书馆	教研处	考查
5	大学生自我管理教育与实践（校园活动）	限选	8	24	2	理论+实践教学	1	1～4	教研处	校团委	考查

续表

序号	课程名称	课程类别	学时		学分	课程结构	开课学期		开课单位	协作单位	考核办法
			理论	实践			理论	实践			
6	大学生自我管理教育与实践（特色社团）	限选	8	24	2	理论+实践教学	1	1～4	教研处	校团委	考查
7	大学生自我管理教育与实践（岗位体验）	限选	8	24	2	理论+实践教学	1	1～4	教研处	校团委	考查
8	职业素养训练与实践	必修		32	2	实践教学		1～7	现代产业学院	现代产业学院	考查

备注：本课程对两年制专升本学生不做要求，专升本学生自愿选修课程。

附件2

绵阳城市学院共青团"第二课堂"学时认定标准

序号	活动大类	序号	活动名称	学时	证明方式	备注
1	思政素养	1	学生骨干培训或团校学习	8	结业证书或证明	校级单位组织的培训
		2	团组织生活	2	团支部考勤	每学期上限4次
2	品格素养	3	志愿服务	2	证明	每学期上限4次
		4	无偿献血	8	证明	每学期上限2次
		5	好人好事被国家级单位表彰	128	证明	
		6	好人好事被省级单位表彰	64	证明	
		7	好人好事被市级单位表彰	32	证明	
		8	好人好事被校级单位表彰	16	证明	
		9	优秀团员、优秀干事	4	证书或证明	

续表

序号	活动大类	序号	活动名称	学时	证明方式	备注
2	品格素养	10	先进个人、社会实践先进个人、党校优秀学员、优秀信息员、优秀班导、优秀青年志愿者等	8	证书或证明	
		11	优秀团干、三好学生、学习标兵、优秀学生干部、校园励志之星、优秀毕业生、优秀党员	8	证书或证明	
3	专业素养	12	参加社团	8	主管部门提供考勤名单	参加满一学年，满足社团管理要求
		13	参加讲座	2	主管部门提供考勤名单	每学期上限8次
		14	计算机一级、二级及以上合格证书	2学时/项	证书或证明	同一考试，不可累加
		15	英语四六级及以上合格证书	2学时/项	证书或证明	同一考试，不可累加
		16	教师资格证、会计、文秘、物流师、施工员、造价员等职业资格证书	16学时/项	证书或证明	同一考试，不可累加
		17	研学项目、考研培训班、考公培训班、自考（网教、成教）专升本、教师资格证等培训	16学时/项	证书或证明	同一考试，不可累加
		18	辅修	16学时/项	证书或证明	同一考试，不可累加

序号	活动大类	序号	活动名称	学时	证明方式	备注
4	实践能力	19	班导	16	聘书	
		20	教师助理	16	主管部门提供名单	期满一学期
		21	助理岗（初级、高级）	16/32	主管部门提供名单	期满一学年
		22	校卫队	32	主管部门提供名单	期满一学期
		23	应征入伍	96	退伍通知书	
		24	校园文化体育活动	2	活动签到或主办方名单	每学期上限4次
		25	学生在校期间举办个人艺术作品展览或演出	24	展览或演出证明及作品	每学期上限2次
		26	校、院（社区）两级团委书记处，学生会主席团成员	32	证书或证明	所有干部必须担任满一年，可叠加，第一职务算最高分，剩下职务减半；限两项
		27	校、院（社区）两级学生组织各部门干部，团支书，班长，学习委员，公寓长，楼层长	16	证书或证明	
		28	其他班委，校、院（社区）两级学生组织各部门干事，寝室长	8	证书或证明	
		29	荣耀绵城	16	证书或证明	
		30	绵城精英	24	证书或证明	
		31	所在班级获院（社区）级集体表彰	8	证书或证明	
		32	所在班级获校级集体表彰	16	证书或证明	
		33	所在班级获省级集体表彰	32	证书或证明	
		34	所在班级获国家级集体表彰	64	证书或证明	

续表

序号	活动大类	序号	活动名称	学时	证明方式	备注
5	创造能力	35	各类竞赛获国际级一等奖	80	荣誉证书或表彰文件	
		36	各类竞赛获国际级二等奖	72	荣誉证书或表彰文件	
		37	各类竞赛获国际级三等奖	64	荣誉证书或表彰文件	
		38	各类竞赛获国家级一等奖	64	荣誉证书或表彰文件	
		39	各类竞赛获国家级二等奖	56	荣誉证书或表彰文件	
		40	各类竞赛获国家级三等奖	48	荣誉证书或表彰文件	
		41	各类竞赛获省级一等奖	48	荣誉证书或表彰文件	
		42	各类竞赛获省级二等奖	40	荣誉证书或表彰文件	
		43	各类竞赛获省级三等奖	32	荣誉证书或表彰文件	
		44	各类竞赛获校级一等奖	32	荣誉证书或表彰文件	
		45	各类竞赛获校级二等奖	24	荣誉证书或表彰文件	
		46	各类竞赛获校级三等奖	16	荣誉证书或表彰文件	
		47	各类竞赛获院（社区）级一等奖	16	荣誉证书或表彰文件	
		48	各类竞赛获院（社区）级二等奖	8	荣誉证书或表彰文件	
		49	各类竞赛获院（社区）级三等奖	4	荣誉证书或表彰文件	
		50	出版专著	96	专著复印件	除第一作者外的其他作者学时减半
		51	国际核心刊物	96	期刊复印件	除第一作者外的其他作者学时减半
		52	国际一般刊物	64	期刊复印件	除第一作者外的其他作者学时减半
		53	国内核心刊物	64	期刊复印件	除第一作者外的其他作者学时减半

续表

序号	活动大类	序号	活动名称	学时	证明方式	备注
5	创造能力	54	国内一般刊物	16	期刊复印件	除第一作者外的其他作者学时减半，上限3次
		55	发明专利	96	专利证书	除第一发明人外的其他发明人学时减半
		56	实用新型	64	专利证书	除第一发明人外的其他发明人学时减半
		57	外观设计	40	专利证书	除第一发明人外的其他发明人学时减半
		58	获得国家级科技成果奖项一等奖	128	荣誉证书或表彰文件	除第一主持人外的其他主持人学时减半
		59	获得国家级科技成果奖项二等奖	96	荣誉证书或表彰文件	除第一主持人外的其他主持人学时减半
		60	获得国家级科技成果奖项三等奖	80	荣誉证书或表彰文件	除第一主持人外的其他主持人学时减半

附件 3

绵阳城市学院共青团"第二课堂"活动审批表

活动名称及类别		
活动主办单位		
活动承办单位		
活动（拟）实施时间		
活动负责人		联系方式	
活动简介		
活动预算		
预期成效		
专业学院学工中心（社区区长）意见		签章： 年　　　月　　　日
学生处意见		签章： 年　　　月　　　日

备注：1. 该申请表一式两份，一份专业学院（社区）备案，一份学生处存档；
　　　2. 上交此申请表时，需附详细的活动策划书和安全预案。

附件 4

绵阳城市学院共青团"第二课堂"活动规划一览表

序号	活动名称	活动类别	活动（拟）实施时间	举办部门	
1					
2					
3					
4					
5					
7					

第二章

大学生自我管理实践

　　大学生自我管理是当今及未来社会对新时代人才素质的必然选择，是高等学校学生管理体制改革的实然要求，是高等学校学生管理工作的终极目标。结合我国目前大学生自我管理现状、自我管理内容等，本章就大学生自我管理实践做一些初步的探讨。

第一节　树立自我管理理念

　　大学是学生成长发展的重要阶段，有更加灵活的成长环境和相对自由的可分配时间，自我管理也就成为大学生最重要的能力。因此，利用好大学生涯，培养学生自我管理能力成为高校急需研究和解决的问题。而学生更应树立自我管理理念，发展自我管理能力，把自律和他律相结合，自省自立，提高自我，为步入社会和适应社会做准备。

一、加强自我认知，树立自我管理意识先导

　　彼得·杜拉克曾说：人类在 21 世纪面临的最大挑战就是自我管理；学会自我管理首先要明白"我是谁"……而最重要也是最难的是"认识自己"。自我认知，简单来说就是我们对自己内心观念、想法、情绪、态度及由此引发的日常行为的觉察程度。自我认知程度越高的人，越可能在清醒接纳自我局限、内在限制等基础上不断扩展自我能力边界、持续寻求自我改善和自我突破；而自我认知程度较低的人，对内在自我观念、想法、情绪及由此引发的行动往往缺乏自我觉察，而这将导致僵硬固化的下意识生活与工作。这个世界我们最熟悉而又最陌生的人是自己，对自我意识状态的点滴觉察和充分觉知有助于我们有的放矢增强自我管理能力，自省自强、自动自发地干好工作、取得成绩。[1] 因此大学生应当对自己进行深入的认知和了解，了解自己的性格、价值观、优点和缺点等，从而找到适合自己的管理方式。

二、设定个人目标，强化自我管理意识

　　为强化自我管理意识，大学生应当设立可衡量的个人目标，包括学业目标、职业目标和个人成长目标。例如，在学业方面设置可实现的达成目标，

1　党建锋.觉知自我意识　强化自我管理——浅论员工自我意识与团队管理 [J]. 衡器，2016，45（6）：47-48+51.

从课业水平及科研成就两方面约束自己，根据设定的目标，制订详细的计划，将大目标分解成小目标，并为每个目标设定具体的行动步骤和时间表。可以通过使用时间日程表或时间管理工具来帮助管理时间，同时设定优先级，合理安排每天的任务和活动。高效利用时间就要学会合理分配时间，避免时间的浪费和拖延。

培养自律意识，养成良好的行为和生活习惯，包括早起、按时学习和工作、养成健康的饮食和运动习惯等。大学生的主要任务是学习，建立良好的学习习惯对自我管理至关重要。养成定期复习、及时完成作业和项目、积极参与课堂讨论等良好的学习习惯，可以提高学习效率和成绩。在学习生活中面对困难时应不退缩，保持坚韧内心。自我管理也并非意味着独自面对一切，而是要学会主动寻求支持和协助。寻找适合自己的学习小组，向教师和同学请教、寻求辅导和指导等，可以帮助解决问题和提高自我管理的能力。同时要学会正确面对压力、控制情绪，可以通过锻炼、休息、找人倾诉和寻求帮助等方式来实现。此外，定期进行阶段性反思和策略调整，通过自我反思，了解自己的成长和进步，及时调整自己的工作学习方法策略以适应不同的情况变化。

大学生在校园生活中，往往会面临各种不同的任务和活动，应学会根据重要性和紧急性对任务进行排序，将精力和时间集中在最重要和紧急的任务上，避免被琐碎的事务分散注意力。

自我管理是一个不断学习和成长的过程，是一个长期的过程，需要不懈努力。大学生应主动学习自我管理的相关知识和技巧，最大限度利用学校、社会资源，参加培训和研讨会，向身边的人和榜样学习，不断反思和改进自己的管理方法，以不断成长和提高自我管理的能力。

综上所述，大学生建立正确的自我管理理念，实现个人的成长和发展除了通过自我认知、目标制定、计划管理、时间管理、自律和坚持、管理压力和情绪以及自我反思和调整等方法，更重要的是，要有耐心和恒心。大学生要坚持并依靠这些正确的自我管理理念，以实现个人的成就和全面发展。

三、创建自我管理平台，培养正确的自我管理理念

新一代学生，特别是"00后"学生，在全球化时代下，知识储备更丰富，知识获取途径更多元，具有思想开放、个性鲜明、理想淡薄、自信张扬等特点。新时代的大学生在政治上具有从简单的政治热情走向冷静慎重的思考，从表面显露的政治关注走向较为隐蔽的内心关注的特点，[1] 但他们政治理论较为薄弱，容易受到错误信息的影响，不过智力活跃，对新奇事物充满好奇心，也有一定的洞察力来弥补遗漏；行为上，他们敢于表现自己，同时自我控制能力低，如果遇到问题和矛盾冲突，容易失去理智；他们心理上自信、热情，但抗压能力低，可以是充满希望和矛盾的一代。在新时代，高校必须坚持立德树人的根本任务，找到大学生自我管理的最佳途径。肖姆林斯基说，真正的教育是自我修养，只有不断鼓励新时代的大学生自我学习、自我管理、自我服务，才能实现有效的管理。

学校要把立德树人根本任务落在实处，就需要把立德树人的根本理念与学生自我管理理念有机融合在一起，处理好二者之间的关系，确保教育改革沿着正确的方向发展，从而为中国特色社会主义建设培养更多合格的人才。立德树人的目的是培养德智体美劳全面发展，并具有一定创造性人格的时代新人。这要求立德树人目标主体也就是大学生不仅要有丰富的专业知识，还要能够不断提升自身的综合素养，充分发挥自身的聪明才干，发挥主观能动性，努力使自己在立德树人教育中成为"自树"主力军。

要实现上述目标，首先，学生管理工作者要帮助大学生树立主体观念，明确并落实大学生的主体地位，激发大学生内在"主体目标"概念，使大学生在形成自我意识的基础上实现"自我树立"。其次，学生管理工作者遵循

---

1 梅晓芳，杨智强.新时代大学生自主管理的重要意义与实现路径[J].经济师，2020（7）：182-184.

以人为本的理念，激发大学生"自我树立"的内生原始动力，培养学生自主管理的能力。在大学阶段，大学生除了获取专业理论知识，更多的是寻找和发现事物的规律以及获取知识的方式方法。在日常的学生教育管理中，学生管理工作者应该把已经模式化、程序化、刻板化的老套过时的训导方式转化为学生喜闻乐见的个性化、创新化、多样化的激励方式，提升学生自主管理的主体性和"自我树立"的积极性，从而激发大学生认真学习、努力提高自身综合素质的内生学习原动力，为培养德智体美劳全面发展的时代新人打下坚实的基础。

大学生自主管理是大学生群体为提升自身素质、实现自我价值而开展的管理活动，自主并不代表我行我素、放任自我，而是有约束、有方向、有价值的管理活动，而思想政治教育就是引领正确前进方向的灯塔。特别是在新时代 "大思政"理念下，高校需要构建课程思政、日常思政、网络思政等协同育人格局，为大学生自主管理保驾护航。大学生自主管理过程要建立从上至下的制度，从学校层面来讲，需要建立畅通的信息沟通制度，如书记信箱、校长接待日、月度座谈会等，营造浓厚的自主管理氛围；从二级学院层面来说，让学生参与到学院教育教学、服务管理等评价中，并形成相应的制度，同时在学院内成立由学生组成的各种自律管理委员会，如纪律管理委员会、早晚查委员会、卫生监督委员会等，增强学生自主管理意识，搭建学生自主管理平台；从学生自主管理队伍层面来看，形成规范化的日常运作制度，如周例会制度、分类培训制度、期末述职制度等，加强学生自主管理队伍建设。在搭建学生自主管理平台时以实践活动为抓手，每月设定主题，让学生能够做到规范开展自主管理。如定期组织全体学生参与志愿服务，学生以班级为单位形成志愿服务互助小组，开展养老院爱老敬老、社区服务、文明交通疏导等活动；每年9月迎新季，由学生骨干组成迎新队伍，对新生在入学手续、住宿餐饮、校园安全、社团活动、专业规划等方面给予全方位的指导；每年6月、12月考试季来临前组织每一位同学签署《学生诚信考试承诺书》，充分调动每一位同学的学习、备考主动性和积极性；每年9月，充分发挥退伍复学大学生的专长，专门组织其参与到大学生军事训练课程的理论教学与实践教学中。这一系列的实践活动有助于大学生自主管理落实落细。

第二节　培育自我管理品质

大学阶段是大学生在初级社会化的基础上继续深入社会化的一个关键阶段。在这个特殊阶段，大学生要完成人生的一次蜕变，"要成为一个什么样的人"是在校大学生和学生工作者应当时刻思考和关注的重要问题。在这次蜕变的过程中，要努力培养现代大学生的自我管理意识，使大学生养成自我管理的良好品质。

一、自律与自控力的培养

在新时代背景下，大学生的管理模式逐渐从"他律"走向"自律"。自控力就是自我约束能力，这种能力能够帮助学生及时发现和反馈学习和生活中的各种问题，并能根据目标要求及时做出调整。成功学把自我约束力作为一个人成功的基本要素之一，缺少自我约束力是一个人成功路上最大的障碍。培根说："幸运所需要的美德是节制，而厄运所需要的美德是坚忍。"[1]只有养成良好的自律与自控力，大学生才能真正成为自己情绪的主人，才能更加理性地思考问题、处理问题。

1. 设定明确的目标：确保知道自己想要实现什么，并设置具体、实际可行的目标。这将帮助大学生集中精力并明确方向。

2. 制订计划：制订详细的计划，包括每天、每周或每月的具体行动步骤。将目标分解成小的任务，以简化任务的完成过程。

1　弗兰西斯·培根.培根论人生[M].何新，译.上海：上海人民出版社，1983.

3. 培养良好的习惯：通过反复的实践来养成良好的习惯。例如，每天固定的时间起床和睡觉，每天锻炼一定的时间，等等。坚持这些习惯会增强大学生的自律和自控力。

4. 增强意志力：通过锻炼意志力来增强自己的自控力。可以从一些简单的事情开始，例如控制自己的饮食习惯或克服拖延症。

5. 建立支持系统：与身边的人分享自己的目标和计划，并寻求他们的支持和鼓励。大家可以一起努力，互相监督和激励。

6. 处理诱惑：学会识别和应对诱惑，避免陷入诱惑的陷阱。可以尝试采用一些技巧，如远离诱惑源、转移注意力、使用时间管理工具等。

7. 坚持不懈：在培养自律和自控力的过程中，可能会遇到困难和挫折。重要的是保持坚持不懈的态度，相信自己并继续努力。

二、时间管理的技巧与策略

当今社会，"时间就是金钱，效率就是生命"已愈来愈被人们认识和接受，并成为现代人的座右铭。社会的发展和科技的进步，要求人们具有强烈的时间观念，从而自觉、有效地利用时间。因此，对于当代大学生来说，实施时间的自我管理并开发时间自我管理的技能就成为其学习活动中的重要任务之一。[1] 以下是一些常用的时间管理技巧和策略，可以帮助我们合理安排时间、提高工作效率。

1. 制定优先级：对任务进行分类和评估，将它们按照优先级排序。将重要且紧急的任务放在首位，其次是重要但不紧急的任务，然后是不重要但紧急的任务，最后是不重要且不紧急的任务。

2. 制定日程表：根据任务的优先级和时间要求，制定一个日程表。将任务合理地分配在不同的时间段，确保每个任务都有充足的时间。

1　严中华.大学生自我管理技能开发 [M].广州：华南理工大学出版社，2000.

3. 集中注意力：在处理任务时，尽量避免分心和干扰。保持专注，集中精力完成当前任务，然后再转到下一个任务。

4. 学会委托和下放：将一些低优先级或不重要的任务委托给其他人或下放给团队成员。这样可以解放自己，让自己专注于更重要的任务。

5. 学会说不：学会拒绝那些对自己的时间和计划有负面影响的请求。只承诺和参与自己能够合理完成的任务和活动。

6. 利用工具和技术：利用各种时间管理工具和技术来帮助自己更好地管理时间。如使用日历应用程序、待办事项列表、时间追踪应用程序等。

7. 休息和放松：合理安排休息和放松时间，避免过度劳累。休息和放松可以提高工作效率和专注度。

8. 不要拖延：尽量避免拖延，立即处理任务，不要将它们推迟到最后时刻。使用一些拖延战胜策略，如番茄工作法或时间块技术。

9. 随时调整计划：随时根据工作情况和优先级的变化进行调整。不仅要制订计划，还要适应变化和调整计划。

采用这些时间管理技巧和策略，可以帮助大学生更好地管理时间，提高工作效率，取得更大的成就。

三、目标设定与追踪

◎（一）目标设立

1. 目标设立的内涵。

目标设立是指着眼于将来，设立方向和效果，是为自己实现目标合理组织时间和管理时间提供方向的一种技能。没有方向和目标，所有的活动项目和取得的结果都可以说有效或者无效，因为缺少了衡量效果的标准。如果没有提前设置目标，再好的学习方法都是不起作用的。

2. 目标设立原则。

设立目标必须遵守以下 5 个原则，才会对时间自我管理起到导向作用。

否则，所设目标将成为海市蜃楼，可望而不可即。

（1）目标表述必须具体；

（2）目标必须有量化标准；

（3）目标要具有可实现性；

（4）目标必须合理；

（5）目标的结果必须有时间限度。

3. 目标设置的分类。

目标设置与目标实现的时间间隔相联系，按时间实现的长短来分类，可以分为长期目标、中期目标、短期目标；按照实施计划包括的范围大小，可以分为总体目标、阶段性目标、子目标；按照活动项目分类，又可以分为学习目标、身体保健目标、社会实践目标、综合素质目标等。每一个分类下还可以做进一步细分，例如学习目标又可以分为各科目目标。

4. 目标设置的步骤。

无论哪种目标的设置，都要遵循下列步骤：

（1）多问自己几个为什么。

在设置具体目标之前，不妨问自己这样几个问题：我为什么来到这里学习？我想学到什么东西？毕业后我将从事什么工作或者我将选择什么性质的职业？进入了大学校园就意味着开始了一次"旅行"，但这次旅行是一次时间上的旅行。在时间之旅中，大学生将逐步实现自己的目标。每个人的将来都依赖于今天的计划和行为，对将来的考虑越具体、越清晰，目标的设置就更切合实际。

（2）设置总体目标，对总体目标分类。

首先，大学生应考虑清楚某些与自己学习有关的问题，然后设置总体目标。总体目标在某种程度上是和长期目标相对应的，但又不完全相同。总体目标范围较大，是一系列目标的总体，既可以是长期目标的总体，也可以是中期、短期目标的总体，也可以是各个项目目标的总体。因此，它的最基本特征是它的可分解性。总体目标的设立又是相对的，它可能是较大范围目标的一个分解部分，我们给分解的目标定义为子目标。比如小李在大学期间的总体目标是成为三好学生，但这一目标对整个人生来说不过是一个子目标。每个人的总体目标都是多个的，因此，我们要将若干个总体目标分类。例如，某位同学在入学以后确立了这样的一系列目标：通过大学英语四级考试、计算机程序员考试，其他科目成绩达到 85 分以上，提高自己的阅读水平，锻炼好身体，交几个好朋友，参加各类学校社团活动提高自己的综合素质，等等。我们可以将以上目标分成更为综合的大类：学习类、课外生活类、社交类、素质提高类等。这样，总体目标不至于过于繁杂，也便于学生对时间进行合理分配。

（3）将每类总体目标分解，逐步落实。

每类总体目标都是相对于整个大学阶段将达到什么水平而设定的，对于每学年来讲，每类总体目标就有了阶段性目标，将阶段性目标进一步分解成子目标，然后逐步落实子目标。如何分解总体目标呢？我们通过下列案例来加以分析。假如小廖是数媒专业一年级的学生，传播学课程达到 90 分是他总体学习目标中的一个阶段性目标。为实现这一阶段性目标，他的下一步工作就是将这一目标分解成逻辑性强、分割的子目标体系，具体可以做如下的目标分解：完成课程笔记的复习，完成课程作业的复习，完成平时阶段性测验的复习工作。子目标的落实意味着阶段性目标已经实现，每个阶段性目标实现意味着总体目标的实现。将目标分解得越细致、越详细、越具体，计划实施起来就越容易。

⚙ 四、增强决策能力和抗压能力

决策能力是指一个人在面对复杂情境或问题时能够做出明智、理性且有效的选择的能力。它包括以下几个方面：能够准确地识别和定义问题或情境，理解所涉及的各个方面和因素；能够收集相关的信息，并使用适当的工具和方法对信息进行分析和综合，以获得全面的背景知识和清晰的认识；能够设定明确的目标和优先次序，以便在决策过程中有清晰的方向；能够产生多个备选的解决方案或行动方案，并评估每个方案的优劣和风险；能够对备选方案进行客观的评估和比较，考虑到可能的结果、影响和约束条件；在评估和比较的基础上，选择最佳的方案，并做出明确的决策；能够有效地执行决策，并监督实施过程，及时调整和纠正。

抗压能力是指个体或组织在面对压力、挑战和困难时的应对和适应能力。它包括以下几个方面：能够辨别和认识压力的来源和性质，了解其对个体或组织的影响；能够有效地管理和调控自己的情绪，避免情绪过度激动或消极情绪的产生，保持冷静和积极的心态；能够有效地应对和解决问题，找到可行的解决办法，并采取积极的行动；能够灵活地适应变化和调整，抵御外界的压力和挑战，并找到新的应对方式；具备积极的社交能力，能够获得他人的支持和帮助，建立健康的人际关系网络；自我调节和关注健康：能够合理安排时间和任务，保持适当的工作与休息，关注自己的身体和心理健康。

决策能力和抗压能力是两项重要的个人技能，不仅能够帮助个体应对工作、学习和生活中的挑战，还有助于提高效率和质量。同时，决策能力和抗压能力也可以通过学习、训练和实践不断提高和发展。重要的是要认识到每个个体在应对压力上的独特性，因此个人可能对不同的压力源和应对策略有不同的反应。

◎（一）增强决策能力

1. 收集信息：在做决策之前，收集尽可能全面和准确的信息，包括调查研究、咨询专家或参考相关的数据和报告。

2. 分析和评估：仔细分析和评估各种选择和可能的结果。权衡利弊，考虑长期和短期影响，并基于事实和逻辑进行决策。

3. 制订计划：制订详细的行动计划，包括目标、时间表和资源需求。确保计划合理，并为潜在的风险和挑战做好准备。

4. 深思熟虑：对于重要的决策，给自己充足的时间。避免仓促决策，必要时寻求他人的意见和建议。

5. 学会从失败中学习：不要害怕失败，而是将失败视为学习和成长的机会。分析失败的原因，并从中汲取教训，以便在下次做决策时更加明智。

◎ （二）增强抗压能力

1. 健康的生活方式：保持良好的身体健康对于应对压力非常重要。在日常生活中注重健康饮食、充足睡眠和适度运动，以增强身体的抗压能力。

2. 找到情绪管理的方法：掌握情绪管理技巧，如深呼吸、冥想和放松练习。这些方法可以帮助人们冷静下来、控制情绪，并减少压力带来的负面影响。

3. 改变思维方式：积极乐观的思维方式能够提高抗压能力。尝试寻找积极的方面，培养应对挑战和困难的韧性。

4. 分解任务并设定优先级：将大的任务分解成小的可管理的部分，并根据优先级进行安排。按照先后顺序逐一处理任务，这样可以减少压力的累积。

5. 建立支持系统：与家人、朋友或同事建立良好的支持和沟通关系。分担困扰和压力，寻求帮助和支持。

6. 寻找平衡：学会平衡工作和个人生活之间的需求。合理安排时间，给自己充足的休息和放松的机会。

7. 接受事实：接受有些事情超出自己的控制范围，不能完全控制一切。学会接受事实，并专注于自己可以控制和改变的事情。

通过实践和坚持，大学生可以逐渐提升自己的决策能力和抗压能力，成为更加果断和坚韧的个体。

第三节 提升自我管理能力

大学生自我管理能力对学生的学业进步、个人成长、事业发展具有重大的影响。大学生自我管理能力培养应该作为学生培养的一项重要工作。学术界在大学生自我管理现状调查的基础上，综合分析大学生自我管理的影响因素，并提出促进大学生自我管理能力的实现路径。[1]

一、学习方法的改进与学习效果的提升

大学阶段是人生教育的一个关键时期，对人一生的发展意义重大。同时，21世纪的大学生肩负着这一时代所赋予的角色和使命，对未来科技进步承担重大的责任，所以每个大学生都应该根据自己的实际情况，制定适合自己的学习方法。而想要找到正确的学习方法需要做到以下几点。

◎（一）把握差异

与中学阶段的学习相比，大学学习少了教师和父母的监督和管教，学习氛围逐渐变得宽松，学生自我支配时间充裕，这样由"硬"变"软"的学习环境，使得大部分大学生没有了学习目标和方向，缺乏学习的动力和压力，迷茫和无助成为他们的普遍心态。[2]此外，大学学习在学习内容、学习方法上也发生了较大变化。

1. 学习内容广、课程多、难度大。

中学阶段，学生一般只学习十门左右的课程，内容为一般性的基础知识。而大学里开设的课程分公共课、基础课、专业基础课、专业课四个层次，每一个层次又由许多门课程综合而成，内容量大，因而大学阶段的学习任务比中学阶段的重得多。

---

1 纪同娟，李魁明.大学生自我管理能力培养的探索与实践[J].现代职业教育，2020（44）：4-5.

2 杨珉，王祥灵，李在吉.加强大学生自我管理能力的探索与实践［J］.学理论，2013（17）：324-325..

2. 学习方式不同。

在学习方式上，中学阶段主要是课堂讲授，教学过程中的每一天、每一节课，教师都安排得非常具体。频繁的作业和课堂提问、大量而紧凑的课堂教学是中学教学常态。而在大学里，课堂讲授相对减少，自学时间大量增加。大学为学生学习提供了非常好的环境，如大学有藏书丰富的图书馆，有设备先进的实验室，有丰富多彩的课外科研活动。同时，大学的教学计划还安排了大量的教学实验、实习、社会调查、毕业设计等教学环节。这都需要大学生自主学习和走出课堂。

3. 学习方法变化明显。

在学习方法上，中学阶段，教师教学生是"手拉手"领着教，教师对课程安排得详细周到，不少学生养成了依赖教师、只会记忆和背诵的习惯。而大学阶段则是"教师在前，学生在后"，教师引着教，提倡学生自主学习，使大学生逐渐地从"要我学"向"我要学"转变；提倡生动活泼地学习；提倡勤于思考。

◎（二）明确学习动机

在学习中，学习动机占了很重要的比例，学习目的、自身学习需要及学习诱因是其主要的组成部分。学习目的作为产生和保持学习动机的内部因素，在学习行为中起着重要的指导作用。自身学习需要，包括个体的成就欲望，对学习对象的兴趣、爱好，好奇心、求知欲、探索愿望等，是个体的内部动机。学习诱因，也就是通常说的外部动机，指激发行为的外部环境，如学习成绩、考试分数、奖学金、优秀学生表彰等。

大量研究显示，当学习动机适中时学习的效果达到最佳。大学生主要有四类学习动机：报答性和附属性学习动机、自我实现和自我提高的学习动机、谋求职业和保证生活的学习动机、事业成就的学习动机。多元的学习动机带来多元的学习动力，一个有明确学习动机的人更有可能在学习中获得成功，并在个人和职业生涯中取得成就。

◎（三）掌握学习方法

1. 高效的学习方法。

通用的高效学习方法包括 SQ3R 学习法和 PQ4R 学习法。SQ3R 学习法指按"浏览、发问、阅读、复述、复习"五个步骤进行学习；PQ4R 学习法是一个能有效帮助学生理解和记忆的学习方法，PQ4R 分别代表预览、设问、阅读、反思、背诵和回顾六阶段。还有根据记忆的艾宾浩斯曲线确定记忆时间点（20分钟、1 小时、8 小时、1 天、2 天、6 天、31 天），将短期记忆转变成长期记忆；利用记忆的"全盘利用"等学习方法和一些记忆手段（如关联法、字母法）记忆具体事物，即借助感官、运动、幽默、想象、数字编号、符号、颜色、顺序、积极的形象来进行记忆等学习方法。

2. 个性化的学习方法。

个性就是个别性、个人性，就是一个人在思想、性格、品质、意志、情感、态度等方面不同于其他人的特质，这个特质表现于外就是他的言语方式、行为方式和情感方式等。任何人都是有个性的，每个人都应该找到属于自己的个性化学习方法。

二、解决问题的思维模式

思维模式指解题者由问题的条件、性质及自身的个性特点，在解题过程中长期形成的相对稳定的思维类型。

◎（一）直觉式

直觉式指在解决问题过程中，不经过自觉的、有意识的逻辑推理，而是凭直觉做出判断的解决问题的思维模式。其特点是速度快，正确性较高。直觉式解决问题的思维模式并非神秘莫测。其过程中的许多中间环节都省略了，所以能对问题做出快速的反映和观测。其基础是个人丰富的经验和渊博的知识，以及由此而产生的果断的意志品质。执行公务的公安刑警、抢救病人的医生等善于运用直觉式思维模式。

◎ （二）分析式

分析式指在解决问题过程中，对事实材料做充分分析，并进行严格的逻辑推理，最后使问题得到解决的思维模式。其特点是分析周细，推理严格，结论科学。但有时该思维模式的步骤显得繁杂，耗费时间太多，于是在实际运用中，人们往往给予适当的简化，以提高时效。

◎ （三）试误式

试误式是尝试错误式的简称，指在解决问题中，不对解决问题的原则、方法等做周密的思考，而用尝试去解决问题的思维模式。其特点是耗时多和成效低，盲目性大，弯路长。不过在对解决问题的方式方法进行大致的分析之后的高层次的试误，会克服以上缺点。

◎ （四）顿悟式

顿悟即指突然醒悟明白。顿悟式指在积累了大量材料之后，经过分析、比较、推理而无法解决问题时，经受偶然的刺激，突然明白了解决问题的途径和方法的思维模式。其特点是不可预测性、自发性、科学性。其赖以产生的前提一是大量材料的积累，二是艰苦卓绝的思考。

在复杂的社会生产实践中，人们往往是对以上几种思维模式进行综合运用，随着问题的改变而分别有所侧重。教师在教学中应引导学生正确评价每种思维模式的优缺点，逐步分析自己的思维模式，灵活综合运用各种思维模式，从而培养自己解决问题的能力，提高学习效率。

三、成长型人格的培养

◎ （一）人格的基本特性

1. 整体性。

人格是由多种成分构成的一个有机整体，具有内在统一的一致性，受自我意识的调控。人格整体性是心理健康的重要指标。当一个人的人格结构在各方面彼此和谐统一时，他的人格就是健康的。否则，可能会出现适应困难，甚至人格分裂。

2. 稳定性。

人格具有稳定性。个体在行为中偶然表现出来的心理倾向和心理特征并不能表征他的人格。俗话说，"江山易改，本性难移"，这里的"本性"就是指人格。当然，强调人格的稳定性并不意味着它在人的一生中是一成不变的，随着生理的成熟和环境的变化，人格也有可能产生或多或少的变化，这是人格可塑性的一面，正因为人格具有可塑性，才能培养和发展人格。人格是稳定性与可塑性的统一。

3. 独特性。

一个人的人格是在遗传、环境、教育等因素的交互作用下形成的。不同的遗传、生存及教育环境，形成了各自独特的心理特点。人与人没有完全一样的人格特点。所谓"人心不同，各有其面"，这就是人格的独特性。但是，人格的独特性并不意味着人与人之间的个性毫无相同之处。在人格的形成与发展中，既有生物因素的制约作用，也有社会因素的作用。人格作为一个人的整体特质，既包括每个人与其他人不同的心理特点，也包括人与人之间在心理、面貌上相同的方面，如每个民族、阶级和集团的人都有其共同的心理特点。人格是共同性与差别性的统一，是生物性与社会性的统一。

4. 功能性。

人格决定一个人的生活方式，甚至决定一个人的命运，因而是人生成败的根源之一。当面对挫折与失败时，坚强者能发愤拼搏，懦弱者会一蹶不振，这就是人格功能的表现。

◎（二）弗洛伊德的人格"三我"结构

弗洛伊德的人格理论包含了"三我"结构，这是指人格的三个组成部分，分别是本我（Id）、自我（Ego）和超我（Superego）。弗洛伊德认为，这三个部分相互作用，共同决定了个体的行为和性格特征。在理想的情况下，自我能够平衡并调解本我和超我之间的冲突，在满足个体的需求同时与社会保持和谐。然而，如果这种平衡失调，可能会导致焦虑、冲突和人格问题的出现。

1. 本我：本我是人格结构中最原始的部分，代表着本能和欲望。它是人类生存本能的储存库，追求满足基本生理和心理需求的快乐感。本我是无意识和冲动驱动的，不受现实界的限制。它主要受生理冲动、原始欲望和无意识渴求的控制。

2. 自我：自我在人格结构中处于中间地带，是一个现实感知和判断的出发点。它的作用是调解本我和超我之间的冲突，同时考虑现实界的限制与因素。自我是有意识和理性的，它通过合理的决策和行动来满足本我的需求，同时遵守社会准则和道德规范。

3. 超我：超我是人格结构中的道德和规范部分。它存储着个体的道德价值观、规范和社会规则。超我是通过社会化和道德教育形成的，代表着个体的理想自我形象和道德意识。超我监督和约束本我的冲动和欲望，通过道德标准来评价和规范自我的行为。

四、自我评估与反思

培养自我反省和自我评估的习惯是一种积极的生活方式，可以帮助大学生了解自己的优点和缺点，发现自己的潜能和不足，提高自我认知和自我发展的能力。

◎（一）知识、技能的自我评估与反思

1. 课堂教学中的自我评估与反思。在课堂上个对问题进行充分探索、讨论以后，对自己探索出的解决问题的方案做自我评价：成功的原因是什么？

得到了什么学习经验？失败的原因是什么？应做如何改进？我的探索方法优势是什么，弱点是什么？应汲取别人的哪些成功经验？以此来培养自我评价的方法。

2. 在学习进程中进行自我评价。在学习的各个不同阶段，经常回顾自己的学习历程，进行自我评价：自己在学习上投入了多少？收获了多少？学得好的时候的原因是什么？学得差的时候的原因又是什么？从中得到了什么启示？在以后的学习中该做哪些努力？如何采用适合自己的学习方法进行学习？如何去面对学习的成功？又如何去面对学习的失败？应该树立什么样的学习观？以此来培养自我评价的能力。

3. 在知识技能考查之后进行自我评价。大学生应该在每次的基础知识考查之后，进行自我总结、自我评价：总结失败的原因，找到成功的学习经验，应汲取什么教训？在以后的学习中应注意什么问题？如何改进自己的学习方法？如何端正自己的学习态度？以此来培养自我评价的能力。

◎（二）情感、态度的自我评估与反思

情感和态度的自我评估与反思是一种有益的方法，可以帮助大学生了解自己的情感状态和态度，并对其进行调整和改进。以下是一些可以用于情感和态度自我评估与反思的方法。

1. 自省与观察：停下来，静心观察自己的情感和态度。思考自己在不同情境下的情绪体验，对事物的看法、态度和反应。

2. 识别与记录：识别并记录下自己的情感和态度。可以通过写日记或记录情绪的方式来帮助自己感知和了解内心的情感状态。

3. 分析与探索：分析探索情感和态度背后的原因和影响因素。思考是什么导致了这种情感或态度，是内在因素还是外部环境的影响。

4. 评估与判断：客观评估自己的情感和态度是否合理、积极、适应当前情况。考虑它们对自己的影响以及对他人和环境的影响。

5. 反思与调整：进行反思，思考如何调整和改进自己的情感和态度。思考如何更积极地应对情感，以及如何养成更健康和积极的态度。

6. 行动与实施：制订具体行动计划，积极地实践调整和改进自己的情感和态度。通过行动来增强积极情感和培养良好的态度。

7. 持续反馈与调整：定期回顾和反馈自己的情感和态度的改变。通过不断地反馈和调整，进一步完善自己的情感和态度。

情感和态度是个体内心的表达，对个体的情绪、心理和行为有重要影响。通过自我评估与反思，我们可以更好地认识自己、理解自己的情感和态度，从而更好地应对挑战、调整心态、改善人际关系和助力个人成长。

第四节　大学生自我管理的实践方法

多年来，我国高校积极探索培养大学生自我管理能力和提高大学生自我管理水平的有效方法，积累了丰富的经验。大学生可以通过目标管理、时间规划来加强自我管理。本节主要介绍四种管理方法。

一、利用 SMART 原则进行目标管理

◎（一）什么是 SMART 原则

SMART 由 Specific（具体的）、Measurable（可衡量的）、Attainable（可实现的）、Relevant（相关的）和 Time-based（时限明确的）首字母缩写而成。[1]SMART 原则以初期设定组织目标为导向，以最终实现结果为评判标准，通过对目标层级自上而下的设立来达到过程管理中的自我控制与监督，最终实现其目标。将 SMART 原则运用于大学生自我管理的实践中，能帮助大学

1　夏丹.基于 SMART 原则的高校预算绩效目标管理机制——以 F 高校为例 [J].商业会计，2021（16）：68-71.

生制定具体的、可衡量的、可实现的、相关的和时限明确的目标，以便更有效地实现自己的目标。

具体性是 SMART 原则的核心，它要求目标清晰明确，具有可操作性；可衡量性要求目标能够用数据来衡量，以便于检查进度；可实现性要求目标在实施者的能力范围内，确保方案可行；相关性要求目标与其他目标具有关联性，能够促进整体目标的实现；时限明确则要求为目标设定一个明确的完成时间，以便于推进计划的实施。

通过 SMART 原则，大学生可以更加清晰地了解目标，更加有效地实现它们。例如，将"考取教师资格证"这一目标转化为"在一年内每天进行定量课程学习、刷题练习考取教师资格证"，这样目标更加具体、可衡量，并设定了明确的时限，有助于更好地实现目标。对于长远的目标，大学生也有必要进行细化。

◎（二）SMART 原则使用方法分析

首先，大学生需要学会给自己定目标，如学习技术、语言，阅读书籍等，但对于目标的考核更为重要。在使用 SMART 原则分析问题时，任务一定要清晰明确，目标不宜过高也不宜过低，如将考取教师资格证目标改为教师资格证笔试"综合素质""教育知识与能力"每科达到 90 分以上，确定一个具体的数值或数值范围，到时候完成得怎么样就很好衡量了。

其次，大学生需要确定时间计划，如 3—8 月备考，9 月通过笔试。但这个目标还是比较大，具体如何执行呢？需要对目标继续拆分，可以采用 OKR（Objectives and Key Results）法（目标与关键成果法，是一套明确和跟踪目标及其完成情况的管理工具和方法）把大目标拆分为多个子任务：学习"综合素质""教育知识与能力"及专业课知识，熟练掌握大纲考点，完成对应练习。

比较大的目标一定要拆分为多个子目标、子任务，可以从上往下多个层级拆分，最终的一个子任务要控制在合理范围内（如一周内），方便执行和跟进。在这个过程中，大学生也可以给自己适当制定一些激励措施，如旅游、吃大餐、看电影等，确保能更好地坚持下去。

二、SWOT 分析法

◎（一）SWOT 分析法的提出

20 世纪 80 年代初，美国旧金山大学海因茨·韦里克教授提出了 SWOT 战略分析方法[1]（简称 SWOT 分析法）。SWOT 分析法是基于内外部竞争环境和竞争条件下的态势分析，综合选择最佳战略的方法。其中，S 是指自身的内部竞争优势（Strengths），W 是指自身的内部竞争劣势（Weaknesses），O 是指外部环境的竞争机会（Opportunities），T 是指外部环境的竞争威胁（Threats）。[2]SWOT 分析法包含内部的优势和劣势、外部的机会和威胁四个分析维度，包含 SO（优势＋机会）、WT（劣势＋风险）、WO（劣势＋机会）、ST（优势＋风险）四种组合策略。

SO（优势＋机会）：增长型战略，是最理想的战略模式。当事物发展具有某方面特定优势，而外部环境恰好为发挥这种优势提供了有利机会时，采取该战略模式为最佳选择。

WT（劣势＋风险）：防御型战略。需要警惕外部环境的威胁，减少自身存在的弱点，从而谋求生存性发展。

WO（劣势＋机会）：扭转型战略。既有内部劣势带来的挑战，也有外部环境带来的机遇，需要面对挑战思考应对措施，从而扭转格局，取得发展。

ST（优势＋风险）：警惕型战略。面临较大外部风险，虽然内部优势可以冲抵外部风险带来的挑战，但是仍需要谨慎考虑，需要充分利用自身优势，

1　孟玥辛，王延臣.基于 SWOT-PEST 矩阵的叮咚买菜发展状况分析与对策研究 [J].投资与创业，2022，33（20）：51-53.
2　张扬，张新民.独立学院师资队伍建设的 SWOT 分析 [J].世界教育信息，2009（1）：46-48.

回避或减少外部威胁。

SWOT 分析法，在企业发展战略制定、竞争对手分析、商品市场定位，以及个人职业规划等领域得到了极大应用，取得了较好的应用效果，也逐渐发展成为现代管理学中制订战略计划的重要方法。

当代大学生同样可以利用 SWOT 分析法对自我管理发展进行分析，以期加强自我管理能力，实现既定目标。在完成目标任务时可借助 SWOT 分析法，分析完成已设定目标任务的机遇、优势、劣势，以及面临的挑战，进而有效分析目标完成的可行性。基于分析结果，优化实现目标任务的策略。

◎（二）SWOT 分析法的具体实施

1. 下面以大学生创业为例进行 SWOT 分析。

（1）大学生创业优势分析。

新时代大学生普遍具有如下优点：在信息时代，信息差成为成功的关键因素，而大学生拥有较强的信息搜集能力，他们能从各种渠道搜集到海量的创业资讯，并能从中分析、评估、筛选有效信息，从而寻找适合自己的创业方向。大学生思维较为敏捷，思维模式前卫，接受新鲜事物快，会提出新颖的看法，具有很强的创新能力。大学生作为高素质社会阶层，自主学习知识的能力强，能积极主动地学习和掌握创业所需要的知识、专业技能、组织技巧和人际沟通技巧，能在丰富的社会实践活动中，了解创业所要经历的基本流程，并通过创业来培养自己的管理能力。除此之外，大学生具有积极的精神，且有一定的创新能力，这些特质有助于他们在创新创业中快速接受新鲜事物，并在过程中不断寻求"突破点"，从而形成自身独有的优势。

（2）大学生创业劣势分析。

创业是将个人创造力、理论知识和实践活动有机结合的一种实践活动，是"知行合一"的具体体现。毋庸讳言，大学生由于社会经验匮乏，尽管掌握一定的理论知识，但是在实践素质和职业技能上与社会创业者相比不具备太大优势。他们对社会环境的认知不够，所做的商业项目缺乏最精准的商机，经不起市场的检验，常处理不好对创业风险的预测和规避等问题。更有一些高校不愿投入大量的人力和物力来开展大学生创业教育，存在教师队伍薄弱、大学生创业方向选择困难等问题，导致大学生缺乏创业动力。并且部分大学生面对创业困境，缺乏实际经验，容易出现焦虑、恐惧、退缩等心理问题，缺乏良好的创业心态，心理承受能力差，这不但会影响他们创业，更会给他们的人生带来消极影响。

（3）大学生创业面临的机遇。

近年来，国家在财政支持、税收、项目申请、创业技术支持等方面出台了一系列扶持大学生自主创业的政策。比如，放宽创业注册条件，放宽创业经营场地租买条件，降低行政管理费用，为大学生提供优质、高效、便捷的创业服务；推出税收优惠、创业助学金，奖励成功创业企业等优惠政策，为大学生创业提供良好机会。同时，大学生创业培训的科研经费也逐年增多，为大学生创业能力发展搭建了良好的平台，为高校创业型人才培养营造了良好氛围。促进大学生创业举措的推出，有利于培养具有较高专业素质的创业型人才，可以使大学生更好地学习如何创业，对自主创业有更全面的认识。

（4）大学生创业面临的风险。

面对不断变化的市场，创业的早期决策往往会产生偏差，这些都会使大学生的创业活动更加困难，从而造成大学生的创业失败，给大学生造成经济上的损失和心理上的负担。因此，大学生要学会如何解决创业过程中的问题。同时，社会和高校应该给予大学生帮助和引导。现实情况是，部分高校的创业教育课程体系还不健全，主要集中在课堂上教授基础知识，缺乏企业、社会组织的参与，导致大学生缺乏创业实践能力。此外，创新创业教育是一个综合性的教学过程，目前一些高校教师的知识结构、职业能力与创业教育的实际需求并不相适应，难以持续引导学生创业。

2. 基于以上 SWOT 分析结果，笔者对大学生创业能力培养提出以下对策。

（1）通过 SO 战略发挥优势，利用机会。

大学生要充分利用大学生创业的外在机会进行创业，认真了解政府、高校为大学生创业提供的优惠政策，调动大学生创业的内在优势，提升创业自我效能感和创业能力。通过 SO 战略，大学生应学会利用自身优势，把握机遇进行创业，以适应经济发展的需要，积极投身到创业的大环境中。高校也应该为学生提供创业技能方面的实际支持和培训，为大学生提供前沿的市场信息、良好的实践平台、系统的创业教育体系，整合社会各方面的创业力量，提升大学生创业能力。

（2）通过 WO 战略克服劣势，抓住机会。

在创业初期，针对创业资金短缺、社会资源匮乏、实践能力不足等问题，大学生应积极落实当地政府的扶持政策，结合政策弥补创业初期的劣势。通过 WO 战略，大学生应时刻保持危机意识，努力克服自身不足，把握创业机会，争取把大学生创业的弱点变成创业优势。例如，大学生应积极参与创业教育和创业技能培训，弥补自身社会实践经验不足和心理承受能力弱的问题。此外，大学生还要深入开展市场调研，了解行业发展的方向，清晰地认识到市场真正的需求，以更好地通过创业实践提升自身的创业能力。

（3）通过 ST 战略利用优势，规避威胁。

大学生创业可能会受到来自市场变化的威胁，他们需要利用自己的优势，选择有效的方式来提高自己的核心竞争力；发挥自己的智慧，利用内部优势避免或减轻外部威胁的影响。高校更应该注重培养学生的创业能力，引导学生学会利用自身优势挖掘创业机会，理性选择创业方向，通过实践活动探寻创业的可行性，在创业中锻炼自己。

（4）通过 WT 战略减少劣势，规避威胁。

为了真正实现创业，学生需要克服自己的劣势，应对创业时面临的不同挑战，可通过 WT 战略克服弱点，消除威胁，不断学习创业知识，提高自身素质和能力。创业是不断获得不同类型知识与技能的过程，大学生应从实际出发，制衡不利因素的负面影响，扬长避短，科学创业，以便能从多个角度分析创业方向的优劣并做出整体决策，在多变的市场环境中做出明智的选择。同时，大学生要顺应时代发展趋势，充分利用各方资源，不断提高创业能力，在实践中做出合理的判断，将创业失败的概率降到最低。

通过以上案例学习，大学生可将 SWOT 分析运用到日常学习生活中的各个方面，全面准确的策略分析能够帮助我们更快实现目标。

三、番茄工作法则

◎（一）什么是番茄工作法则

番茄工作法则是一种简单易行的时间管理方法，是一种更加微观的时间管理方法。正确使用番茄工作法则，选择一项待完成的任务，设定一个番茄时间，在番茄时间内专注工作，中途不允许做任何与该任务无关的事，直到番茄钟响起，然后在纸上画一个记号，记录下来；接着设定一个番茄休息时间，短暂休息一下。结束一天的工作后，根据记录对当日的工作学习情况进行复盘，同时可以对第二天的时间进行规划。

使用番茄工作法则能够帮助我们更好地实现自我管理，减轻时间焦虑，在完成任务的过程中提升集中力和注意力，减少中断，增强决策意识，唤醒激励和持久激励。当我们成功地使用番茄工作法则完成目标任务后，能够巩固我们达成目标的决心，同时也能完善预估流程，针对有缺陷的步骤进行改进，强化自身决断力，确保下一次保质保量地完成任务。

◎（二）番茄工作法则的原则

1. 一个番茄时间（25 分钟）不可分割，不存在半个或一个半番茄时间。

2. 一个番茄时间内如果做了与任务无关的事情，则该番茄时间作废。

3. 不要拿自己的番茄数据与他人的番茄数据比较。

4. 番茄的数量不能决定任务最终的成败。

5. 必须有一份适合自己的作息时间表。

◎（三）番茄工作法则的使用流程

1. 每天开始的时候规划这一天要完成的几项任务，将任务逐项写在列表里（或记在软件的清单里）。

2. 设定你的番茄时间（定时器、软件、闹钟等），一个番茄时间是 25 分钟。

3. 开始进行第一项任务，直到番茄钟响铃或提醒（25 分钟到）。

4. 停止工作，并在列表里该项任务后画个 ×。

5. 休息 3 到 5 分钟，活动、喝水、方便等。

6. 开始下一个番茄时间，继续该任务。一直循环下去，直到完成该任务，并在列表里将该任务划掉。

7. 每四个番茄时间后，休息 25 分钟。在某个番茄时间的过程里，如果突然想起要做什么事情，若这件事必须马上做，则停止这个番茄时间并宣告它作废（哪怕还剩 5 分钟就结束了），去完成这件事情，之后再重新开始这个番茄时间；如果这件事不是必须马上去做，则在列表里该项任务后面标记一个逗号（表示打扰），并将这件事记在另一个列表里（备注为计划外事件），然后接着完成这个番茄时间。

◎（四）番茄工作法则的使用案例

以这样的时间表为例：08:30—13:00/14:00—17:30。

08:30，小林启动了这天的第一个番茄时间。他可以用这个番茄时间回顾此前一天他做的全部工作，过一遍活动清单，并填写今日待办表格，也填上当前这个规划活动。在同一个组织管理番茄时间内，小林还应检查书案上是否一切就绪，并做一些整理。番茄钟铃响，记 ×，休息。

下一个番茄时间开始，这是第一个实务番茄时间。这样进行三个实务番茄时间。一组四个番茄时间过去了，接下来就是一段较长时间的休息。尽管还愿意继续工作，小林还是决定休息一下，以面对后续的紧张工作。过了 20 分钟左右，他启动一个新的番茄钟。四个番茄时间后，小林看了看表，12:53 了，刚够时间让他整理一下书案，他收起四散的文件，并检查了今日待办表格的消息和填写无误，然后去吃午饭。

14:00，小林回到书案，启动番茄时间继续工作。在相邻两个番茄时间之间，他的休息时间不长。四个番茄时间后，他累了，但仍然还有几个番茄时间要做。他觉得需要好好休息一下，于是出去溜达溜达。30 分钟后，小林开始一个新的番茄时间。番茄钟铃响，记 ×，休息。最后，小林把预留的番茄时间用来回顾当天的工作，填写记录表格，就可能的改进记下一些意见，为明天的待办表格加一些说明，并清理书案。番茄钟铃响，短暂休息。小林看看表，17:27 了。他整理好位置上凌乱的文件，排好活动表格的顺序。17:30，空闲时间开始。

对上面场景有两条说明：第一，实务番茄时间与工时/学时并不一致。八小时的工作/学习中，有两个番茄时间是专门用于组织管理，有两个番茄时间用于实务操作。第二，时间的推移永远是番茄工作法则中的次要因素。如果没有不可控的中断，上午和下午于何时结束，由连续的番茄时间决定，作为工作、学习结束指标的是番茄时间序列及其中间的休息。

四、时间四象限法则[1]

◎（一）时间四象限法则特点及处理原则

时间四象限法则是由美国管理学家史蒂芬·柯维在其《要事第一》一书中提出的。[2] 四象限法则主要用于时间管理，该法则的主要含义是把紧急和重要性这两个维度变量划分成四个区间，然后按照四个区间的定义将计划事项

1　谢冬子.时间四象限法则 [J].今日教育（幼教金刊），2022（4）：31.
2　罗杰·梅里尔，丽贝卡·梅里尔.要事第一 [J].中国电力企业管理，2016（36）：95.

对号入座（如图2-1），通过象限划分对目标事项进行有效管理。

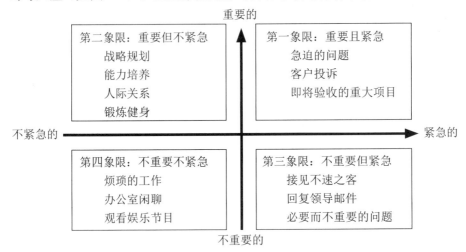

图2-1 时间四象限法则

第一象限：重要且紧急。该象限的事务要立刻马上做，包括急迫的问题、即将到期的任务等。第二象限：重要但不紧急。该象限的事务是最需要做的事，也是最易被忽略的，经常出现一拖再拖的现象。需要制订计划，按时完成，进入良性循环。第三象限：不重要但紧急。该象限事务因为紧急，具有较大的欺骗性，会产生"这事很重要"的错觉，实际上对自己并不重要，只是满足别人的期望与标准。第四象限：不紧急也不重要。该象限的事情大多是琐碎的杂事，没有任何重要性，基本属于浪费时间。

时间四象限法则基于两个维度：事项和时间。随着时间维度的推移，事项性质会随之发生变化。四象限事务的时间分配需要充分考虑时间分配的合理性，保证事务分配在合理的象限，做好事项和时间两个维度的动态调整，确保在有限的时间内让工作效率最大化。四个象限的时间分配，一般可以按照20∶50∶25∶5的比例进行。根据"二八定律"，20%的事项起决定性作用，其余80%的事项起辅助性作用。也就是说，第一象限重要且紧急的事务所占时间比例为20%，确保有20%的关键性事务稳定在第一象限，保证有足够的精力和时间去完成重要且紧急的事务；第二象限为重要但不紧急的事务，是需要投入精力并长期坚持的事项，关乎人生、事业的长期规划发展，第二象限分配的时间比例为50%，持之以恒地把时间和精力投入第二象限的事情中，确保重要事务长期推进良性发展；第三象限分担的更多的是日常性事务，必须完成但并不十分重要，可以用相对琐碎和状态欠佳的时间去处理该象限的事务，分配的时间比例为25%；第四象限为不紧急也不重要的事情，但也是客观存在的事务，分配时间比例为5%。

时间四象限法则能够将事项的紧急性和重要程度完美展现，可以帮助大学生做好时间管理和规划，提高工作和学习效率。

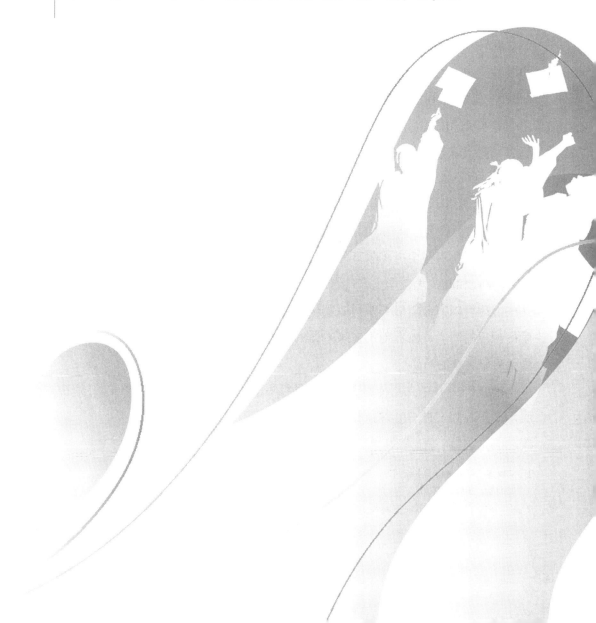

第三章

大学生社团的发展及其属性

在研究大学生社团之前，需要对社团、大学生社团有一个较为明确的界定。

社会团体即社团，又称"自组织"，是一群拥有共同兴趣爱好或具有明显特征的人组成的非营利性、非政府性群众组织。[1] 根据《国务院关于修改部分行政法规的决定》，2016 年 2 月，国务院发布了新修订的《社会团体登记管理条例》，条例中第一章第二条明确指出："社会团体是指，中国公民自愿组成，为实现会员共同意愿，按照其章程开展活动的非营利社会组织。"这一定义指明社团参与的自愿性、社团性质的非营利性。

目前，我国学者对大学生社团的认知各执一词，大学生社团还没有一个公认的、标准的定义。

《中国大百科全书（教育卷）》将大学生社团定义为"中等学校和高等学校学生在自愿基础上结成的群众组织。这些社团可以打破年级、系科以及学校的界限。团结兴趣爱好相近的同学，发挥他们在某方面的特长，开展有益于学生身心健康的活动"[2]。

2005 年中共中央宣传部宣传教育局编写的《〈中共中央 国务院关于进一步加强和改进大学生思想政治教育的

1　胡继冬. 我国高校学生社团发展动力及其引导策略研究 [D]. 大连：大连理工大学，2012：19-20.

2　中国大百科全书编委会. 中国大百科全书（教育卷）[M]. 北京：中国大百科全书出版社，1985.

意见〉学习辅导读本》明确提出："高校学生社团是由大学生依据兴趣爱好自愿组成，为实现成员共同意愿按照章程自主开展活动的学生组织。"[1]

2016 年共青团中央、教育部、全国学联印发的《高校学生社团管理暂行办法》指出："高等学校大学生社团是由高校学生根据兴趣爱好自愿组成，为实现成员共同意愿，按照其章程自主开展活动的群众性学生组织。"

简言之，大学生社团是高校学生根据共同兴趣、爱好、理想而自愿参加、自发组织，在相关组织或人员的指导下，遵守法律、法规、校纪、校规，按照章程自主开展活动的群众性学生组织。

党的十八大和十九大分别提出了"推动高等教育内涵式发展"和"实现高等教育内涵式发展"的重大论断。2018 年 5 月 2 日，习近平总书记在北京大学师生座谈会上的讲话中再次指出："当前，我国高等教育办学规模和年毕业人数已居世界首位，但规模扩张并不意味着质量和效益增长，走内涵式发展道路是我国高等教育发展的必由之路。"

大学生参与社团活动，有助于培养大学生的责任感、信誉感、团队意识、领导力、沟通能力等优秀品质，同时提升大学生的专业水平和综合素质。依托共青团"第二课

1　中共中央宣传部宣传教育局.《中共中央　国务院关于进一步加强和改进大学生思想政治教育的意见》学习辅导读本 [M]. 北京：中国人民大学出版社，2005.

堂成绩单"制度，借助大学生社团平台开展大学生自我管理教育与实践，推进大学生参与社团活动，有效帮助大学生实施自我教育、自我管理、自我服务、自我价值体现，是高等学校培养"多专、多能、会创造"复合型人才的重要举措，是实施素质教育的重要途径，是推动我国高等教育内涵式发展、实现教育强国目标的必然要求。

第一节　大学生社团的产生与发展

物资匮乏、经济落后、思想限制等历史原因，导致以前的大学生社团总量少、功能缺失，无法满足大学生的各类需求。自 1978 年改革开放以来，我国高等学校大学生社团蓬勃发展，各高校都设立了种类丰富的大学生社团，同时在经费、设备、指导教师等资源方面加大了投入，为大学生社团的发展提供了支持和保障。如今的大学生社团种类丰富、数量充足、功能完善，能满足当下大学生的不同需求。

一、大学生社团的产生

何为社？它由"示"和"土"组成，"示"的意思是"祀"，即祭祀土地的意思。古时祭祀土神的日子，也就被称为社日。古时还有春社、秋社，春社是祈求庄稼能够长好，秋社则是庆祝庄稼的丰收。社日除了祭祀，还做什么呢？鲁迅先生的《社戏》，讲的就是社日期间观戏的故事。按季节推算，应该是春社，小伙伴们划船去看社戏，摘蚕豆烧来吃。其实社日这天就是百姓聚会、吃喝玩乐的日子。现在我们所说的"结社"一词，大概还源自这个习俗。《荆楚岁时记》说："社日，四邻并结综会社，牲醪为屋于树下，先祭神，然后飨其胙。"春社、秋社，这是集社性质的一种。社，逐渐从祭祀，演变成为人们聚集的一种理由。社还作为官方性质的行政单位，它和乡、村一样，起到连接或者约束百姓的作用。按汉朝大儒郑玄的说法，百户人家结为一社。

社从最初的社主，到行政单位，再到作为一种团体，它似乎是更宽松的存在。但社团，却有很大的影响力。我们熟悉的各种社团，如复社、南社等，多为读书人的组织。如今，各种官方、民间的社团更是数不胜数，甚至各行各业都有社或者社团的存在。

中国最早的社团可以追溯到先秦两汉时期，但受到时代的限制，类似于唐宋时期的"文会""诗社"这些社团的社会属性不强，直至近现代社会，严格意义上的社团才出现。在我国，高校学生社团已有一百多年的历史。我国最早的真正意义上的大学生社团是 1904 年由京师大学堂丁作霖（又名丁开嶂）联合其他同学在奉天组建的抗俄铁血会。20 世纪是学生社团高度发展的时代，无论是前期，还是后期，学生社团都达到了繁荣的局面。五四运动时期迎来了中国学生社团的第一个高潮期。社团的类型和功能逐渐丰富，社团的功能从革命救国发展到学生兴趣爱好。随着中国社会进入市场经济时代，国家对社团的引导和管理不断加强，大学生社团逐渐成为高校开展思想政治教育工作的有效载体。2004 年 10 月，中共中央、国务院出台了《关于进一步加强和改进大学生思想政治教育的意见》，提出要加强对大学生社团的领导和管理，支持和引导大学生社团自主开展活动。同时强调要依托班级、社团等组织形式，开展大学生思想政治教育，这标志着大学生社团进入繁荣发展期。

大学生社团的功能主要包含拓展兴趣、发挥个性、学习知识、扩展视野、锻炼能力、了解社会、服务社会、陶冶情操、交友、丰富课余生活等。大学生社团活动的健康开展，有利于促进大学生全面发展。

二、大学生社团的发展

2005 年 1 月 13 日教育部、共青团中央发布的《关于加强和改进大学生社团工作的意见》指出，高校学生社团活动施素质教育的重要途径和有效方式，在加强校园文化建设高学生综合素质、引导学生适应社会、促进学生成才就业等方面发挥着重要作用，是新形势下有效凝聚学生、开展思想政治教育的重要组织动员方式，是以班级年级为主开展学生思想政治教育的重要补充。要求积极支持学生社团活动，大力促进学生社团发展；切实加强对学生社团管理，引导学生社团健康发展。要支持和引导学生社团依据国家的法律规范，按照各自章程，独立自主地开展理论学习、学术科技、文化娱乐、社会实践、志愿服务、体育竞技等活动；重视选拔培养学生社团负责人，使那些思想过硬、作风正派、素质全面、有社会工作能力的学生担任社团负责人；加大对学生社团建设的投入，提供活动的必要经费。

经过百余年的发展，随着新时代对人才的需求发生变化，社团的重心从理论向实践转变。纵观历史，大学生社团的发展与大学的发展紧密相连，大学生社团发展至今，其数量、规模、组织形式、功能都发生了较大变化，这些变化都是在时代背景、社会背景、大学生需求、高等教育发展等因素的影响下形成的。

为了加强社团管理和规范运行机制，每个社团都制定了自己独立的社团章程，学校团委也成立了专门的社团联合会，对社团进行宏观的管理和协调，基本保证了社团活动顺利开展。随着规模的发展壮大，教师专业化水平的逐渐提高和资源投入的不断加大，大学生社团活动品质显著提高，社团管理制度更加健全，社团影响力不断扩大，专业性更强。

现在的大学生社团是在高校党委统一领导下，贯彻党的教育方针，根据学生的兴趣爱好自愿组织起来的具有固定名称和活动范围的学生群体组织。它以学生的"兴趣爱好"为基础，以"能力锻炼、学习提高"为目的，以"活动"为纽带，打破专业、学科和年级的界限，按照其章程自主开展活动。在一定的社会环境中成立、运行和发展，其宗旨是把学生组织起来，有领导、有计划、有成效地开展课外活动以扩大学生知识面，丰富学生课外生活，培养学生广泛的爱好与兴趣，锻炼学生组织能力，提高学生综合素质，促进学生成长成才；为学生成才创造良好条件，繁荣校园文化。

在中国特色社会主义发展要求下，高等学校大学生社团建设需要以习近平新时代中国特色社会主义思想为理论指导，用马克思主义的立场、观点和方法分析和解决社团建设中的困难和问题；坚持道路自信、理论自信、制度自信和文化自信，彰显我国高等学校大学生社团的先进性和优越性；将社会主义核心价值观融入我国高等学校大学生社团建设之中，增强我国高等学校大学生社团的价值内涵。[1]

【案例分享】

KDA 流行舞团：因舞蹈相聚，因梦想成团

一、社团理念

因舞蹈相聚，因梦想成团。

因为热爱舞蹈，因为有共同的爱好，我们走到一起。我们创立这个社团就是想和我们一样热爱舞蹈的同学一起交流，通过每周的团训、每次的排舞慢慢提升自己。本社团为热爱舞蹈的同学提供了一个平台，让他们在大学校园里充实自己、展现自己，让自己的大学生活变得多姿多彩。

二、社团简介及组织框架

KDA 流行舞团希望全体队员能保持对舞蹈的初心，一直跳下去。社团设立社长 1 名、副社长 2 名，现有队员 100 多人。

三、社团特色活动

（一）KPOP 随机舞蹈

KPOP 随机舞蹈的歌曲由 100 首左右 KPOP 歌曲的高潮部分组成，队员在听到自己会跳的舞曲响起时上场表演。

2022—2023 学年第二学期，该社团举办了 KPOP 随机舞蹈活动，因为有路演等节目的穿插吸引了众多学子观看，气氛高涨，活动举办非常成功。

（二）Team Cover

在接到活动邀请后，社团队员选定要翻跳的歌曲后进行组合排舞，即 Team Cover。

---

1 邱玥.高等学校大学生社团建设研究 [D].沈阳：辽宁大学，2019：64.

2022—2023 学年第一学期，在收到建筑工程分院文艺部的邀请后，KDA 流行舞团内部就选定了表演团体歌曲的任务，正式表演前她们都在舞蹈室内认真排练、翻跳，最终在 2023 年 5 月参与了校文艺晚会的演出，获得了众多绵阳城市学院学子的喜爱。

（三）主题随机舞蹈

社团在特定的节日，选取特定风格歌曲的高潮部分连续播放，队员会在自己喜欢的歌曲部分表演。

2022 年 10 月，KDA 流行舞团进行了迎接新生学子的夏日主题随机活动，选定了夏日风格的歌曲进行表演，吸纳了很多喜欢并且热爱舞蹈的新生，社团规模也得到了发展。

五、社团发展及未来展望

1. 丰富社团的活动。社团在有限的经费和时间下，和各活动单位良好互动，线上线下结合，校内和校外结合，面向全校定期组织舞蹈教学和随机舞蹈活动，有时校外学生也可以参与。

2. 加强社团宣传工作。通过短视频以及随机舞蹈等多种方式让更多的同学认识了解社团，吸引更多的大学生加入社团，扩大活动覆盖面，增强社团影响力。

3. 积极开展与其他社团的交流活动。如有序组织策划良好的节目，表现自己的时候还能给其他社团或个人组织更专业的建议和动作示范。

4. 拓展队员学习能力。鼓励队员参与各个邀请社团表演的舞蹈活动，努力让每一位队员都有展现自己的舞台和机会。每学期期中期末各有一次舞蹈考核帮助大家发现社团内部的进步，从而使队员在舞蹈中成为自己、享受自己，让自己更加自信。

六、社团职能

成立至今，KDA 流行舞团已为多场大型活动提供了优质节目，已在学校形成一定的影响力，并形成了自己的品牌。

社团每周举行两次舞蹈团训，选取当下最流行的舞蹈进行教学。队长会进行示范并逐一指正其他成员的舞蹈动作，还会教授其他成员基本功，带领队员做体能训练，提高队员肌肉含量，增强队员身体控制力、爆发力、协调能力，从根本上帮助大家呈现更好的舞蹈效果。

七、社团风采

2023 年，KDA 流行舞团在绵阳城市学院新区举办的随机舞蹈活动的视频被《四川观察》采用，并被发布在抖音平台。随后，社团还受绵阳凯德广场邀请举办随机舞蹈活动，并引发热烈反响。

八、社团故事

2021 年，KDA 流行舞团在绵阳城市学院老区成立，在老区受邀参加活动并且在操场举办了第一次随机舞蹈活动。2023 年由于社团内部部分人员搬离老校区，KDA 流行舞团分成了两个部分，一个在游仙校区（老校区），一个在安州校区。随后，KDA 流行舞团在新区和老区都分别成功举办了随机舞蹈活动，因此吸引了更多热爱跳舞的朋友加入社团，社团规模扩大约 10 倍，由 10 人发展到 100 多人。在学校汉服周年庆、音乐社音乐会、喜乐乐队音乐会、文艺晚会、盛夏音乐会活动中，KDA 流行舞团都受邀进行舞蹈表演并获得了许多朋友的喜爱。

第二节　大学生社团的属性和分类

在校园文化建设中，大学生社团是一个较为特殊的组织，在大力推行素质教育的当下，大学生社团在学生的成长成才中扮演着不可替代的作用。研究大学生社团，有助于大家正确认识大学生社团的重要性，但只了解它的起源和发展历史是不够的，要对大学生社团的本质进行研究，必须对其内生关系进行探讨。从活动内容、管理模式分类的角度重新审视高校大学生社团的基本属性，可以为我们进一步探索高校大学生社团的发展提供新思路。

一、大学生社团的属性

在探讨大学生社团的基本属性之前，先要明白大学生社团是一种组织，具备固有的组织属性。《中青团中央　教育部关于加强和改进大学生社团工作的意见》（以下简称《意见》）规定：高校学生社团是由大学生依据兴趣爱好自愿组成，按照章程组织开展活动的学生组织。《意见》回答了大学生社团组织属性的问题，并成为目前最权威的表述，但在具体实践中其概念却往往容易模糊，所以社团的基本属性研究，尤为重要。

大学生社团的成员是在校大学生，这本质上决定了大学生社团的属性。

◎（一）自主性

社团一般是以个人的各种需求为基础，自发形成的自愿性团体。大学生社团也不例外，从社团的发起到负责人的产生都是由社团成员自主决定的。大学生社团在运作上通常具有一定程度的自主权，学生自发组织、自主管理、自主进行活动策划和执行。

◎（二）开放性

大学生社团实质上是一种非正式的学生组织，一般是对校内学生开放的，任何对该社团感兴趣的学生都可以自由加入。虽说社团有自己的管理制度，但实际情况中社团主要是依靠社团本身的吸引力来聚集社员的。这种开放性使得社团具有多样化的人员结构和成员背景，可以促进成员之间的交流和互相学习。同时，开放性也使得社团能够更好地服务于学生群体，满足不同人群的需求。

◎（三）多样性和趋同性共存

大学生社团同时存在多样性和趋同性。多样性体现为社团成员的不同背景和知识技能。这种多样性为社团带来了各种各样的想法、观念和创意，推动了社团的创新和多元化发展。而趋同性则体现为社团成员兴趣爱好相似，年龄相仿，对某个事物有大致相同的追求。两者的结合是指社团内部既存在着多样化的个体差异和特点，又形成一种共同的趋向、目标或价值观。这种多样性和趋同性的结合是大学生社团的一种特点，可以推动社团的全面发展和持续壮大。

二、大学生社团的分类

关于大学生社团分类的说法众多，学术界就持有好几种观点，伍德勤、高宝立将学生社团分为文学艺术类、体育类、知识学术类、专业技能类和社会服务类五类。[1] 范向前将高校学生社团分为政治理论学习类、社会科学类、学术科技类、志愿服务类、文学艺术类、体育健身类及其他七类。[2] 陆建华在《青年学辞典》中说："大学生社团其类型从组织性质上分，有政治型的、文化型的和经济型的，从活动方式上分，有学术型的、娱乐型的、劳务型的和培训型的。"[3] 清华大学又将学生社团分为思想政治类、科技创新类、志愿公益类、文化艺术类、体育运动类、素质拓展类等类型。本书综合各文献资料，结合各社团的活动内容、管理方式和组织性质，将大学生社团按照活动内容分为学术专业类社团、文化艺术类社团、社会服务类社团、体育健身类社团四类；按照管理方式分为学生自治型社团、学校指导型社团、社团联合会三类，按照组织性质分为教师管理型社团、机构合作型社团、自觉发展型社团三类。

---

1 伍德勤，高宝立.高职院校生社团活动现状及优化策略 [J] 高等教育研究，2007（1）：82.

2 范向前.高校校本学生管理规章理论 [M]. 合肥：安徽人民出版社，2005.

3 陆建华.青年学辞典 [M]. 合肥：安徽人民出版社，1990.

◎（一）按活动内容分类

1. 学术专业类社团，以学术专业背景作为支撑的团队。由对学术研究感兴趣的大学生通过讨论、研究、实践专业学术问题而组成的社团，如计算机协会、航模电子技术协会、电竞社等。其目的主要是提供一个学术交流和合作的平台，促进学生学术素养和研究能力的发展，提高学生专业实践能力、促进学生就业、帮助学生创业，可以针对学生日常"第一课堂"进行再延伸拓展、对"第二课堂"进行再丰富提升。日常活动包括但不限于组织和指导学科专业竞赛、培养创新意识、增强创业能力，主要特点是强调学术性、注重知识传递与分享、追求学术进步和创新。学术专业类社团的活动鼓励学生进行学术创新和实践，推动学科领域的发展和进步。通过社团活动，学生可以参与学术研究项目，锻炼研究设计、数据处理和撰写论文的能力，拓宽学科视野，了解最新的学术动态和前沿领域，培养社员独立思考和科研能力。

2. 文化艺术类社团。根据大学生自己的文艺特长和兴趣爱好自发地组建的艺术类社团，是以学生文化艺术特长为核心构建的团体组织。日常活动包括但不限于组织文化艺术课程或者训练，指导大型文艺演出或展演等。文化艺术类社团包含的范围较广，如舞蹈社、音乐社、乐器社、折纸社、竹艺社、围棋社等属于该类。这类社团为学生提供了展示才华的平台，可培养学生的自信心和创造力，促进艺术交流。社团成员通过排练、讨论、创作等方式，可以深入了解和学习艺术形式，提升自我审美能力和文化素养。文化艺术类社团在传承和弘扬优秀文化方面具有重要意义，它将传统文化的精髓和特点以艺术形式传递给后代，为社会文化的丰富多样性做出贡献。

3. 社会服务类社团，是以服务他人、奉献社会为宗旨，自发组织进行志愿服务或者爱心公益性服务的组织。这类社团更多地关注社会弱势群体利益或者公共服务，不图名利、不图回报，是一种对自身思想道德素养要求较高的校园学生组织。社会服务型社团主要是增加锻炼参与者的能力，抒发青年学生独特奉献精神，追求精神道德高度和心灵自我满足的一类社团。工作较多活跃在社区、街道、河道等空间，如青年志愿者协会、爱心社、心理协会等。这类社团通过组织社团成员参与社会实践活动，培养成员的社会责任感和公民意识，提高成员的社会实践能力和素养。一方面社团通过组织大学生参与公益活动，使大学生更加关注社会问题、关心弱势群体，培养了社会和谐意识。另一方面，大学生通过实际行动，为社会提供了帮助与支持，推动公益事业发展。

4. 体育健身类社团。基于各个体育单项，以各项运动项目为主要活动形式，利用课余时间开展各种体育活动的学生自发性组织。由于体育项目不同，社团活动规模大小不一、活动时间不定、形式自由、灵活多样，可以吸引众多的参与者。[1] 其目的是延伸体育课堂的空间，体育运动向多样化发展；发挥学生个人兴趣与爱好；增强学生身体健康；丰富学生课余文化生活；培养终身体育意识。较为常见的有足球协会、篮球协会、网球协会等。社团会根据学生的兴趣和需求定期举行训练和比赛，提高学生的体育意识和运动习惯。社团成员可以参与个人或团队比赛，进行不同项目的训练和锻炼。社团还可以与其他相关机构或社团合作，共同举办运动会、健康讲座等活动，拓宽学生的运动范围和选择。此外，社团还能通过组织健康讲座、宣传健康知识等活动，向学生传递健康生活方式的重要性，引导他们养成健康的生活习惯。体育健身类社团在推广健康生活方式和增强体质方面起到重要作用。

◎（二）按管理模式分类

1. 学生自治型社团，是由学生自主组织和管理的社团。学校里大部分社团都属于此类。这类社团是以学生为中心，注重学生的主体地位，倡导学生参与社团事务，培养他们的协调、组织和管理能力，强调学生的自我管理、自我教育、自我服务能力的培养。学生自治型社团的组织结构和管理模式一般采取民主决策的方式，定期召开会议，讨论重要事项，提出建议和决策。

1　冯丽娜. 体育社团活动设计与实施研究 [J]. 中学课程辅导：（教师教育），2018（14）：29.

此类社团对学生能力培养具有重要意义。首先，社团成员需要参与决策、策划和执行各项活动，培养了自己的领导和管理能力。其次，该类社团提供了一个自由度较大的实践平台，让成员将理论知识应用到实际中，锻炼了成员解决实际问题的能力。

2. 学校指导型社团，是由学校设立和指导的社团。与学生自治型社团不同的是，学校指导型社团通常由学生和教师组成。学生是社团的成员和活动的参与者；教师是社团的指导教师和管理者；学校作为社团的支持者，提供资源和支持，如场地、经费和宣传等，以促进社团健康发展和活动顺利进行。社团的运作模式是学校提供社团的组织框架，设立社团指导机构（通常为教师），负责社团的管理。指导教师需要具备相关的专业知识和经验，制定社团发展规划和目标，组织实施各项活动，并监督社团成员的参与和表现。社团成员需要遵守管理规定，积极参与活动并提交相关报告。学校会定期进行评估和考核，对社团进行监督和指导。

3. 社团管理中心，是由各个社团组成的组织，主要功能是协调社团之间的关系，促进社团之间的合作和交流。一般是一个独立的学生组织，由学生自愿加入并组成指导机构。社团管理中心可以组织社团集体活动，让各个社团有机会相互学习和借鉴；帮助社团整合资源，争取学校和社会的支持，为社团提供更好的发展平台和机会；组织培训和讲座，提供指导和建议，帮助社团提升自身能力和发展水平。社团管理中心在协调社团关系和服务社团方面发挥重要作用。

◎（三）按照组织性质分类

1. 教师主导型社团：学校牵头开设。

从目前大学生社团数量来看，由教师主导管理的社团约有90%。这类社团由学生拟定社团名称，学校牵头确定社团名称，确定专业教师负责社团运行及活动范围，进一步细化社团研究及发展方向。中共中央、国务院发布的《中

共中央　国务院关于进一步加强个改进大学生思想政治教育意见》指出，"加强社团管理和领导，选聘大学教师指导社团、支持和引导高校大学生社团自主开展活动"。从各大高校邀请的社团指导教师来看，任课教师、团委教师、辅导员等是社团骨干教师，后两类教师更是大学生社团发展的主力军，多担任社团指导教师。同时，这两类教师在部分学校可以是指派专任团委教师担任，也可以是其他岗位教师兼任，如辅导员兼职团委教师，不同学校根据自身情况具体设定。

这类大学生社团可以简单地划分为两类：专业社团、兴趣社团。其中，专业社团知识属性更强，由专业指导教师全权负责，社团活动内容系统全面，符合现代教学理念及社团长远发展目标，能够有效推动大学生特色社团建设的可持续发展性。

2. 机构合作型社团：与校外机构合作开设。

机构合作性社团是指由校内、校外双线合作组织的，在高校内部开展兴趣性、艺术性活动的社团机构。学校社团教师与校外教师根据新时代大学生兴趣爱好等特点设计活动。学校迎新晚会、重大节日汇演、毕业典礼等大型文艺活动通常采用这种方式，深受高校时代青年学子的热爱与欢迎。部分高校的街舞社、流行乐队就是此类活动的典型特征。

校外机构合作型社团具有几个明显的特征：一是以学生兴趣为抓手，吸引在校学生积极参与；二是校外合作教师专业性强，有丰富的活动策划经验，能保证社团活动的效果和质量；三是校外教师扮演该类社团活动的组织者和管理者身份，学生不参与活动的策划和开展，仅仅以参与者的身份加入，难以真正发挥和挖掘学生管理和组织能力；四是依靠校外教师的专业技术指导社团活动的开展，依赖性大，对于社团持续性发展有不利影响。此类社团占比不高，优缺点明显，是多元化高校特色社团创新发展的一种方向和趋势。

3. 自觉发展型社团：学生自己申请创办的社团。

在校大学生根据自身兴趣爱好结合志同道合的伙伴朋友达到一定人员数

量和发展规模时，可向学校有关部门递交创办非营利高校社团组织，这类由学生自下而上成立的社团可称为自觉发展性社团。随着全球化时代文化的多样性，高校大学生的个性化、特色化需求涌现，这类社团在高校中大批呈现，如说唱社、汉服社、动漫社、电竞社、天文社等兴趣社团。自觉发展性社团从成立到运行及日常活动的开展都是在指导教师的带领下，社长及成员内部自我组织开展活动，这种自主性极大地发挥了学生自我教育、自我管理、自我发展的育人特性。

此类社团具有明显的特征：一是社团社员具有极强的主人翁精神和自我归属感，他们全身心经营自身创建的社团，社团发展如遭遇困境大家更能齐心协力解决；二是作为主要负责人的社长拥有较大的管理权和职能权力，容易造成分工不明确；三是学生在校学习时间有限，发起创建社团的老成员也会因学业、毕业等人生规划问题离开社团，加入的新鲜血液如果不能尽早找到"继承人"作为新一届社长，社团也很难持续性发展。[1]

第三节　大学生社团的意义和作用

弗瑞·卡若琳（Faro Caroli）认为，大学生加入社团组织，打破了理论（课堂教学）和实践（商业及工业活动）之间的藩篱，促进了大学生成长成熟和整体发展，实现了大学生的社会化。

大学生社团是大学生针对共同的兴趣爱好自发形成的自治组织，成员在很大程度上具备共同的理想抱负、兴趣爱好，很自然地满足了学生时期的所有需求，这也是大学生社团在发展的最基本动力。大学生参加社团有以下意义。

1　郑洁琦.具有本校特色的学生社团组织及管理模式的研究——以广州市南沙第一中学为例[D].广州：广州大学，2016.

一、引导大学生树立正确的价值观念

如今的大学生已基本是"00 后"，这一代的学生在物质丰富的环境中长大，个性鲜明，特长突出。在丰富的物质生活下，他们的精神世界更需要教育工作者去积极引导。大学生社团建设全面实施素质教育的重要途径，有利于帮助大学生提高自身综合素质，培育和增强责任意识，树立正确的人生观、世界观、价值观，将他们培养为中国特色社会主义建设者和可靠接班人。

二、培育大学生的创新精神

大学生社团因没有传统课堂的限制，让很多兴趣相同的同学在宽松的环境下，通过不断试错、不断创新，实现"教中做""做中学""学中悟""悟中练"。正是大学生社团这开放包容、自由平等的氛围，让大学生的思想不受束缚、思维更加活跃、质疑与批判共存，激发大学生的创新意识，培育大学生的创新精神。

三、营造良好的校园文化氛围

校园文化是指"以社会先进文化为主导，以师生文化活动为主体，以校园精神为底蕴，由校园中所有成员在长期的办学过程中共同创造而形成的学校物质文明和精神文明的总和"[1]。可见大学生社团是校园文化的重要组成部分，而且高校师生的认知水平、文化内涵、综合素质较高，导致他们对校园文化氛围的要求也更高，各类社团恰好能帮助营造良好的校园文化氛围。

四、塑造大学生健全人格

在大学生社团宽松的环境中，大学生便于正确认识自我、进行自我教育，虚心接受自己的不足，保持乐观向上的积极态度，形成正确的世界观、人生

1　侯长林 . 高校校园文化基本理论研究 [D]. 武汉：华中科技大学，2013：27-29.

观和价值观。心理健康类、公益志愿类社团更是培育大学生奉献精神、塑造大学生健全人格的重要途径。

⚙ 五、发挥学生组织的朋辈教育作用

朋辈群体是青年学生成长成才的重要环境因素，在某种程度上，它对青年学生的影响可能会超过父母和教师的影响。[1] 大学生社团是典型的朋辈组织，成员均为学生，关系平等、民主，沟通同频顺畅，且有相同的兴趣爱好、理想追求。这些共性让他们在相处过程中，更能相互促进、共同进步、共同成长，发挥学生组织的朋辈教育作用。

⚙ 六、激发大学生学习兴趣

大学生社团又可分为兴趣社团和专业社团，无论参加何种社团，出发点都是学生主观上对该社团所涵盖的内容感兴趣。在新的环境里，如果参加的社团和自己本专业一致，可以帮助大学生拓宽和延伸知识面，缓解原专业学习困境；如果参加的社团和本专业不一致，也可以让大学生提高对其他专业的学习兴趣，为他们的非专业学习提供帮助。

大学生社团提供了一个丰富多样的兴趣爱好平台，可以满足大学生在校期间对特定领域的兴趣和追求。参与社团活动能帮助大学生发现自己的兴趣爱好，并有机会深入研究和探索相关领域。

⚙ 七、锻炼大学生自我管理能力

社团活动有助于培养学生的责任心、团队合作精神、创新思维等品质。通过社团的参与，大学生能够更好地发展自己的个人特长，增强自信心和领导能力，培养自主学习和独立思考的能力，从而锻炼大学生的自我管理能力。

1　禹华意 . 浅谈大学生朋辈教育的意义与作用 [M]// 王林，刘实鹏 . 人文与科技（第二辑）. 北京：北京民族出版社，2019：162-170.

这也是作者所在学校实施教育改革的一项重要举措，我们重构大学教育逻辑，在学生自我服务、自我管理和自我教育上下功夫，通过升维、赋能使学生价值提升。

总之，大学生社团的意义在于给予大学生一个充分发展的平台，帮助他们发掘兴趣、拓展技能、建立社交网络，并促进个人综合素质的提升。通过参与社团，大学生能够获得更多的成长机会，为未来的职业发展和个人生活奠定良好的基础。

【案例分享】

绵城微电影协会"青春闪耀绵城"摄影活动策划书

一、活动背景

我们学校的校园生活是五彩斑斓的，新学期各种崭新的活动更是纷至沓来。青春是打开了就合不上的书，人生是踏上了就回不了头的路，我们一起在时间的道路上勇敢迎接，实现最初的梦想，继续打开新世界。让那些被我们频繁记录的美好瞬间成为我们岁月里的宝藏，为此，绵城微电影协会举办"青春闪耀绵城"微电影主题线上活动。

二、活动目的及意义

活动目的：为提高同学们的激情与活力，新时代大学生的青春风采需要展示出来，海浪需要撞击，人生需要拼搏，而我们的青春需要舞动、需要喝彩。我们协会举办此次比赛的目的是，显示我们的青春与朝气，展示个人才艺，营造和谐的学习氛围，锻炼所有学生的胆量与自信，提高所有学生的科学文化素质和自身修养。

活动意义：我们不仅要学习一流的知识，还要用治学态度影响我们的时代；我们不仅要建立正确的思想观，还要用我们为人的原则影响时代。同时，响应国家创新人才的培养。

三、活动主题

拥抱青春，闪耀绵城。

四、活动单位

主办单位：绵阳城市学院学生会。

承办单位：绵阳城市学院微电影协会。

五、活动时间与报名方式

（一）活动时间

1. 活动时间：2023 年 4 月 15 日—5 月 10 日。

2. 活动报名时间：2023 年 4 月 15 日—4 月 20 日。

3. 作品上传时间：2023 年 4 月 21 日—5 月 1 日。

4. 作品评选时间：2023 年 5 月 2 日—5 月 6 日。

5. 作品排名公布时间：2023 年 5 月 7 日。

6. 颁奖时间：2023 年 5 月 9 日。

（二）报名方式

线下报名：绵阳城市学院游仙校区文化长廊。

线上报名：搜索 QQ 群号 647372900。

表 3-1 线下报名表

序号	方式	备注
1	线下	在文化长廊处登记报名，填写清楚自己的基本信息，扫码进入比赛官方 QQ 群，并在规定时间内按照要求上传作品。参赛形式、参赛目的、参赛方式、参赛要求等方面有任何疑问，均可在群内询问

六、参与对象

绵阳城市学院游仙校区全体学生。

七、活动开展

（一）活动准备阶段

1. 活动宣传：前期进行社团内部宣传，撰写推文并在公众号发布，制作相关海报在游仙校区内宣传。

2. 活动报名：在绵阳城市学院游仙校区文化长廊处进行活动线下报名，统计参赛人员的姓名、班级、学号、辅导员、队名等信息。随即参与人员进入社团活动官方 QQ，方便工作人员通知活动相关事宜。

（二）活动举办阶段

1. 活动形式：拍摄微电影视频、拍摄宣传片视频。

2. 拍摄主题："发现美宣传美弘扬美""发现正能量""宣传学校""展现绵城学子风貌"等积极向上主题均可。

3. 活动要求：所拍摄内容时长至少 3 分钟，必须符合主题。参赛人员把自己的参赛作品投稿到相关工作人员的 QQ 邮箱，作品提交时间结束后，我们会对作品进行评选，最后公布获得奖状的名单。

（三）具体活动流程

线下填写报名表并扫码进群，备注院系班级学号姓名等信息；参与活动人员按活动要求在规定时间内上传视频到指定工作人员 QQ 邮箱；社团工作人员进行评选并打分，最后评选出分数排名前 6 名的作品，并颁发奖状。

（四）活动后续阶段

对活动结果进行公示、活动开展情况进行总结。

工作人员将最终排名结果发布到活动官方 QQ 群，各部门成员总结本次活动。

（五）注意事项

1. 以视频的形式上传，时间至少 3 分钟，统一横屏拍摄。

2. 本次大赛提倡参赛者进行原创拍摄制作，如果需借鉴网上素材，时间累积不超过 30 秒，如果超过则取消参加本次活动的参赛资格。

3. 报名时以团队形式报名，每个团队不超过 6 人。

4. 如果作品提交时超出活动规定提交时间，则视为放弃参赛。

（六）宣传时间

2023 年 4 月 15 日。

（七）宣传方式

表 3-2　活动宣传方式

方式	备注	来源
海报	在学校宣传墙粘贴 1 张此次比赛海报至报名结束	微电影协会提供
微信公众号	由社团管理部工作人员进行活动的线上宣传，包括 QQ 号、微信公众号等	社团管理部提供
媒体群	在微电影协会活动 QQ 群中将对活动事项及活动赞助商进行宣传，同时在 QQ 空间动态转发	微电影协会提供

八、应急方案

1. 视频文件无法打开的情况下，由工作人员联系参赛成员，让其重新提供原视频。

2. 若在作品评选期间，工作人员发现作品出现抄袭问题，则取消该作品的参赛资格。

3. 若颁奖当天下雨或场地被占用则延期颁奖，时间后续通知。

4. 若出现其他突发情况，则由工作人员做出应急处置。

九、经费预算

表 3-3　经费预算

物品种类	数量	单价	总价	备注
海报	1 张	20/元	20 元	由微电影协会提供
总计：20 元				

十、工作人员及其构架

表 3-4　工作人员及其构架

策划部	
成员	刘洋、王馨艺、郭路、邵江蕊
联系方式	137××××0652、187××××5420、180××××5587、187××××2367
职责	负责组织、参与、指导策划方案的制定，媒体活动审定，完成活动整体策划创意、设计，配合完成推广宣传工作
后勤组	
成员	钟佳容、尹婷婷、朱芸
联系方式	186××××2325、157××××9715、155××××0356
职责	负责比赛后期的统计工作，配合各组做好比赛的相关工作
宣传部	
成员	郑文亮、谢轶婷、李婷婷
联系方式	1838×××650、1310×××392、198×××6793
职责	负责制定比赛的规则，制定整体宣传方案，并做好比赛宣传报道的收集整理、汇总，负责比赛正常开展，并完成交办的其他工作

附件 1

宣传物品

宣传方式	内容	具体安排	数量	备注
海报	内容为本次活动主题、时间、地点、赞助商等基本信息	张贴于绵阳城市学院游仙校区文化长廊处	1 张	由微电影协会负责
线上平台	内容为本次活动主题、时间、地点、赞助商等基本信息	由社团管理部进行宣传	/	社团管理部和微电影协会负责

附件 2

评选细则

（一）内容主题（40分）

1. 内容健康积极，活泼向上，紧扣"青春闪耀绵城"主题，准确表达主题内容、寓意。（20分）

2. 紧握时代潮流，张扬时代魅力，展现时代精神。（10分）

3. 剧情拍摄角度新颖，主题特色鲜明，具有一定的说服力与感染力。（10分）

（二）创意性（20分）

1. 作品表达形式新颖，构思独特，作品能够通过形象化的摄影语言符号和创新的立意诠释摄影作品的主题。（10分）

2. 内容不拘一格，独到深刻，制作匠心独运，撼动人心。（10分）

（三）技术性（30分）

1. 视觉：取景、构图、曝光、色调、清晰度等符合摄影技术基本要求，色彩和谐，构图比例协调，场景镜头衔接顺畅，布局精心合理。（10分）

2. 剪辑：剧情精炼不冗长，不短缺。字幕清晰，与声音搭配得当。（10分）

3. 配乐：能够渲染表现微电影的主题，升华内容，给人以想象的空间。（10分）

（四）附加分（10分）

每个评委对同一剧本可有不同的见解，此部分为评委的酌情加分项。

评审注意事项：

1. 评委实行匿名打分制，每人获取一张打分表进行打分。

2. 监委在整个评审过程中需要拍摄现场照片，确保公平公正。

附件3

奖项设置（奖状）

名次	名额	团队名称
第一名	1	/
第二名	2	/
第三名	3	/

【案例分享】

"心灵广场"社团：荡涤心灵尘埃，共享健康人生

一、社团理念

社团名为"心灵广场"，理念是帮助大学生塑造健全人格；初衷是提高大学生心理素质，荡涤心灵尘埃，共享健康人生。关注在校大学生的心灵，助人自助共同提高生命质量。通过社团活动加强同学之间的思想交流，培养同学们的健康心理、健全人格，帮助同学们养成良好的行为习惯，提高同学们的适应能力和综合素质。

二、社团组织框架

社团社长1名、副社长2名，成员共计32人。

三、社团简介

"心灵广场"社团协助学校开展心理健康知识的宣传和普及工作，通过一系列的心理活动在帮助大学生解决心理困惑、心理压力的同时传播心理健康知识，以丰富多彩的校园为载体，促进思想理论建设，营造健康向上的文化氛围，帮助同学们认识自我、发展自我、改变自我，我们将用真诚的行动温暖每颗心。

四、社团特色活动

本社团定期举行心理讲座、心理电影、心理培训、心理交流会等活动。联合校心理咨询室共同为某些在心理上有困惑的学生提供帮助；定期在校内进行心理知识的宣传和进行心理方面的问卷调查；组织学习心理健康知识及竞猜；收集同学们在日常生活中心灵感应的笔录并定期给予展示；开展线上心理交流，并针对问题给予一部分帮助；组织同学们观看有关心理（励志的、积极的）方面的电影。

五、社团发展及未来展望

1. 健全内部建制。坚决履行对社团成员的两条承诺：要让每位社团成员都能够锻炼到自己的能力；不主动要求社团成员因参加活动而逃课、影响学习。

2. 丰富社团的活动。社团在有限的经费下，将尽可能组织多方面的活动，线上线下结合，校内和校外结合，主要以定期在校内进行心理知识宣传、收集同学们在日常生活中心灵感应的笔录为主。

3. 加强社团宣传工作，让更多的同学认识了解我们的社团，吸引更多的同学加入我们，扩大活动覆盖面，增强社团影响力。

4. 积极配合学校相关工作，服从校领导的管理，完成上级交代的各项工作任务。

5. 拓展社员学习能力，鼓励社员加入活动组织和策划中去，发挥社员的想象力，不仅让社员成为活动的参与者，也让他们成为活动的策划者，让他们收获能力的提升以及参与活动的喜悦。

第四章

大学生社团的功能和价值

　　价值首先来源于客体满足人的各种需要的属性，其次取决于主体的需要和主体的实践活动，因此，主体、客体和主体基于客体的社会实践是研究价值问题的关键所在。在分析大学生社团价值的主体、客体及其关系后，作者认为大学生社团价值的内涵是大学生社团价值客体能满足大学生社团价值主体特定的愿望、目的或需要，主客体的这种特定关系是在大学生社团活动中形成的，是大学生社团发展的必然产物，这种关系表现为大学生社团的存在及其性质与大学生的愿景、目标或需求等相适应或相接近，表现为大学生社团活动对大学生具有或产生了某种功能、作用、意义和影响。

第一节　大学生社团的功能

大学生社团属于群众性组织，主要是高校学生在自愿、民主、平等参与的基础上，按照一定的规章制度，为满足个人利益，实现自我价值而成立的。[1]不同的社团有不同的功能作用，这些作用既有社团天然具有的，如社团服务功能、校园文化建设功能等，也有因为职能转变来的功能，如育人功能、就业功能等。本节借助功能主义研究方法分析大学生社团的功能。

一、聚合功能

聚合功能指大学生社团可以提供平台载体，满足大学生自我发展需求，根据自己的兴趣爱好选择社团。大学生社团作为平台，将有共同目标、兴趣爱好、价值追求的大学生聚在一起，最大限度地让大学生发挥特长，凸显个性。一方面，大学生社团在满足大学生交流沟通的需求时，也能够培养他们的团队意识和团结意识，他们会为了共同的目标和爱好制定一个保证社团良性运行的规章制度并遵守。另一方面，大家加入社团的原因之一是希望依靠社团整体的理想来实现个人利益最大化的价值追求。比如，在开展某个活动或者是实现某个目标的过程中，总会遇到各种困难或者矛盾，单靠个人的力量去解决这些困难和矛盾会显得势单力薄，但是社团会将各方的建议、诉求、支持等凝聚在一起，对现有的状况提出改进的措施或建议，则可以促使现有矛盾尽快解决或化解，保证社团活动正常开展和有序运行，从而也保证了社团成员的最大利益。

二、价值导向功能

大学生社团是学校实施素质教育的主阵地，也是开展学生思想政治教育

1　王娇娇.高校学生社团功能发挥存在的问题及对策研究[D].呼和浩特：内蒙古师范大学，2022：12-14.

的重要平台，将"三全育人"的理念有效融入学生社团建设，对于充分挖掘学生社团的育人元素，提升育人效能，实现学生德智体美劳全面发展具有重要意义。[1] 第一，大学生社团根据其功能属性提供了思想教育氛围与育人平台，教师可借此让学生关注时事、国情、党情及社会热点，力求以正确的价值观引导学生客观地看待事物，无形中发挥了思政社团的作用。第二，可以通过开展活动，经常给学生分享一些新的思想和新的理念，让大家能够及时受到正确价值观的熏陶，帮助他们树立正确的人生观、价值观和世界观，能充分发挥大学社团的价值导向作用。第三，社团的价值导向功能因为社团的类型和活动的不同，所以对于学生的教育内容也不同，比如文学类社团主要侧重提高大家的文学素养，体育类社团侧重提高大家的身体素质或体育竞技水平。大学生们喜欢参加社团活动，既能减少平常思想政治教育说课的形式带来的各种不适，更能提高思想政治教育工作的针对性和实效性。因此，大学生在社团中不仅能够学到知识和技能，还可以提高自身的政治素养和觉悟，这充分体现了大学生社团的价值导向功能。

三、社会适应功能

教育的本质就是一种个体社会化的过程，个体步入社团是大学生社会化的一个重要环节，也是高等教育的目标之一。大学生社团是为社会培养人才的主阵地，是衔接学校与社会之间的一个桥梁。它通过有目的、有计划的教授和培养，能锤炼学生进入社会所需要的各种能力，满足他们适应时代的要求。[2] 首先，大学生社团扩大了大学生的朋友圈。它打破了传统的班级、寝室、学院的物理空间划分，让不同专业、不同年级、不同性格的学生有机会认识了解，一定程度上提高了大学生的人际交往能力，培养了他们待人处事、待

---

1 远洋，孙得利.高校"三全育人"项目管控机制探讨 [J].办公室业务，2022：69-71.
2 封莎，郭君忻.高校学生社团育人功能的优化策略 [J].西部素质教育，2021：81-82.

人待物的能力，为毕业进入社会打下了基础。其次，大学生社团作为社会实践平台之一，社团活动的覆盖面和影响力可以打破学校范围，让学生们通过组织或参加社团活动在一定层面接触或了解社会，可以为开展社团活动到社会上去获取赞助，在这个过程中，大学生可以学会与商家的商谈，以达到平等互利的条件。最后，个体社会化过程就是角色扮演的过程，即社团活动在增强大学生适应能力的同时，使他们顺利进行角色实践，根据角色期望的文化知识和技术技能去发展，并通过实践检测对角色的认知和理解，积累角色经验，从而潜移默化地发挥了社团对大学生的社会适应功能，为他们进入社会做了更好的缓冲。

四、调节身心功能

随着新一轮课程改革的推进，越来越多的丰富多彩而又贴近大学生思想和兴趣的社团活动，已经成为校园生活中不可或缺的组成部分。大学生社团通过一系列的活动帮助大学生舒缓紧张情绪，愉悦身心，释放自身压力。首先，它能为学生提供归属感，学生因此对自己感兴趣的社团或社团活动表现出强烈的参与意识。如作者学校的学生社团都是由学生主动申请、团委批准和指导成立的，每年的招新活动都很热闹。从高中到大学的环境变化让大一新生容易产生环境的不适应，需要寻找平台去沟通和发泄情绪，而丰富的社团活动和志同道合的朋友正是他们心灵的最佳归宿，这种归属感能够调节入学后的不适应感，使他们能较快地融入大学生活和学习。其次，有利于调整大学生的情绪。当代大学生，无论是生活还是学习都有很大的压力，因此更需要利用课余时间消化他们的负面情绪。社团扩大了大学生的朋友圈，通过社团活动传递正能量，能够有效地调节现实与目标的矛盾，淡化学生的负面情绪。最后，有利于培养大学生的自信。大学生在参与社团活动的过程中，寻求着自我尊重、自我价值体现，可促进与同学之间的沟通交流、信息交换。在这里，许多活动都是生动活泼的，每个人都是活动的主人。在这样的环境里，大学生心理相对轻松，加上与其他同学有相同的兴趣爱好，更容易在这个组织和活动中得到尊重和帮助，使个人的能力和兴趣爱好得到更好的发挥，让容易自卑的学生获取信心。

第二节　大学生社团的价值内涵

　　大学生社团是大学校园中一道靓丽的风景线，是培养学生综合素质、丰富校园文化的重要途径。在这个多元而充满活力的组织体系中，大学生自发组织、自主参与，为实现个人价值和学校发展贡献着独特力量。本节从不同角度探讨大学生社团在满足个体需求、丰富校园文化、服务社会等方面的作用，揭示大学生社团价值关系的丰富内涵与现实意义。

一、价值内涵

　　在探索大学生社团的价值关系之前，有必要对价值的内涵进行全面理解。克里夫·贝克曾指出："价值就发生在每个人的日常生活之中。"价值是一个普遍存在于人们日常生活和学术领域的概念，涵盖了经济学、哲学和社会学等不同学科角度的解释。[1]从词源上来看，价值一词在不同语言中都与珍贵、尊重、重视等含义相关，从古代梵文到拉丁文，都有类似的渊源。现代理解中，价值通常表达出物品或事物的珍贵程度，与日常用语中的"好"相似。人们常常在探讨"是与非""优与劣""美与丑"等问题时使用"好坏"这一抽象概念，而价值也具备这种抽象含义。《说文解字》对价值的解释涉及物品在比较、交换中体现的相当与不相当，具体表现为物的功用性。这种解释从经济学和社会学的角度探讨了价值的内涵。经过漫长历史的演变，价值一词的内涵逐渐扩张并广泛应用于不同学科和领域。最广泛的价值内涵是关于

1　冯昭昭.大学生社团的价值研究[D].武汉：华中科技大学，2016：62-63.

"好坏""有用无用""意义与作用"的层面。这也与哲学上对价值内涵的理解有一定相似之处。在日常生活中，我们常常用价值来表达事物的好与坏，以及对某人的意义、作用和有用性。这些日常约定的价值内涵在本质上都是对事物意义和作用的判断与描述，因此，对于大学生社团的价值关系研究，这些共识构成了一个重要的基础。对于大学生社团的价值关系，我们首先需要明确价值的内涵，它涵盖了"好坏""有用无用""意义与作用"等层面，这些共识将有助于我们更好地理解大学生社团的价值关系。

二、大学生社团的价值内涵

大学生社团的价值内涵是价值的子概念，涵盖了大学生们加入社团并参与社团活动的功能、作用、意义以及对自身的影响等方面。不同的学说，如属性说、关系说、意义说等，都围绕着探究大学生社团的价值内涵展开，然而无论何种学说，实质上都在研究大学生社团在满足大学生特定愿望、目的或需要方面所扮演的角色。大学生社团的存在及其活动展开是源于大学生们某种愿望、目的或需求的驱动，而社团价值的体现，则是因为大学生通过参与社团活动感受到了这些愿望、目的或需要的满足。因此，大学生社团的价值内涵实质上是大学生社团作为价值客体能够满足大学生作为价值主体特定愿望、目的或需求的关系。这种关系是在大学生社团活动中逐渐形成的，是大学生社团发展的必然结果，表现为社团的存在及其性质与大学生的愿望、目的或需求相一致、相适应、相接近，进而表现为社团活动对大学生具有某种功能、作用、意义和影响。大学生社团的价值内涵主要体现在以下几个方面。

◎（一）自主管理与参与

大学生社团的自主管理是其价值内涵的重要组成部分。社团作为大学生们自主组织起来的平台，赋予了大学生发挥主体性和创造力的机会。通过参与社团管理和活动的过程，大学生们学会自主协商、决策和执行，可培养团队协作精神和领导才能。这种自主管理与参与的价值内涵，不仅对大学生个人成长有积极的影响，也为社团的持续发展提供了源源不断的动力。

◎（二）兴趣爱好与专业发展

大学生社团为同好者提供了一个交流和展示自己兴趣爱好的平台。在社团中，大学生可以追求自己的兴趣，发展特长，结识志同道合的伙伴，共同追求梦想。同时，许多社团也与专业领域紧密结合，为大学生专业发展提供了宝贵的实践机会。通过在社团中的活动和学习，大学生们能够更好地将理论知识应用于实际，提升自己的专业素养。

◎（三）社会责任与公益行动

许多大学生社团积极参与公益活动和社会实践，担当起社会责任。这种价值内涵体现了大学生社团对社会问题的关注和积极回应，推动了社会公益事业的发展。通过参与公益行动，大学生们可增强社会意识和社会责任感，培养为他人利益着想的品质，同时也拓宽自己的人文视野。

◎（四）个人成长与综合素养

大学生社团为成员提供了广阔的舞台，让他们在实践中不断成长和提升。社团活动可培养大学生的组织能力、沟通能力、创新能力以及解决问题的能力，这些都是在课堂上难以获得的宝贵经验。通过社团的锻炼，大学生们能够全面发展，提升自己的综合素养。

◎（五）社交与人际关系

大学生社团是促进人际交往的重要平台。在社团中，大学生们与不同背景、不同专业的同学们相互交流，增进了彼此之间的了解和信任。这种社交价值内涵帮助大学生们扩展社交圈子，培养了广泛的人际交往能力，对于未来的职业发展和人生道路都具有积极的影响。

◎（六）校园文化与社会认同

大学生社团活动是校园文化的重要组成部分。社团的活动能够丰富校园生活，增添校园的文化氛围。通过社团活动，大学生们对学校的认同感增强，可形成积极向上的校园文化氛围。同时，社团活动也有助于传承和弘扬传统文化，促进社会文明进步。

大学生社团的价值内涵是多种多样的，涉及个人成长、社会责任、校园文化等多个方面。这些内涵在社团的发展和大学生参与社团活动的过程中不断得以体现和实践。

第三节　大学生社团的价值关系

本节将聚焦于大学生社团的价值关系，包括大学生社团的价值目标、大学生社团的价值主体以及大学生社团的价值客体。大学生社团作为价值客体与大学生作为价值主体之间的关系，正是价值内涵的基础上形成和发展的。

一、主体关系

在大学生社团的活动中，不同的主体之间形成了复杂的价值关系。主体关系包括大学生社团作为主体与大学生、教职工以及大学之间的相互关系。这些主体之间的互动与影响构成了大学生社团的运作基础，决定了大学生社团的发展走向和实现价值目标的可行性。

1. 大学生社团作为主体与大学生之间有着密切的价值关系。大学生作为大学生社团最重要的价值主体，是社团活动的发起者和参与者，他们的个体需求和动机直接影响着社团的运作和发展。大学生通过加入社团，追求兴趣爱好、发展专业技能、实现个人成长等价值目标。社团提供了一个平台，使得大学生能够自主选择参与感兴趣的活动，从而满足自身的需求。同时，大学生的需求也推动着社团不断创新和改进，以更好地适应学生的需求。社团活动的多样性和灵活性，与大学生的需求密切相关，只有真正满足了大学生的价值期待，社团才能获得持续的发展。

2. 大学生社团作为主体与教职工之间有着协作共赢的价值关系。教师为大学生社团的指导者和管理者，对社团活动的指导与管理起着重要作用。他们希望社团能够在规范的框架下发展，符合学校的教育方针和校园文化建设需要。同时，教职工也关注社团对学生的积极影响，对于提升学生综合素养和个人发展有着共同的价值目标。在社团的发展中，教职工提供专业指导与支持，使得社团活动能更好地服务于学生的成长与发展。而社团的活动也可丰富校园文化，为教职工提供更多与学生交流的机会，促进校园氛围的融洽与和谐。

3. 大学生社团作为主体与大学之间形成了共生共赢的价值关系。大学作为一个整体，在一定程度上影响着社团的存在和发展。大学的领导对于社团的支持与引导，为社团提供了更广阔的发展空间。而社团的丰富多样的活动，也可为大学的校园文化增色添彩，丰富大学的办学内涵。大学生社团的活跃，也反映了大学的教育成果，体现了大学对学生个性发展的重视程度。因此，大学与大学生社团之间形成了一种相互促进、相互依存的关系，通过协作共赢，两者共同实现价值目标。

大学生社团的价值主体关系是多元且复杂的。大学生社团作为主体与大学生、教职工和大学之间形成了不断互动又相互影响的关系。在这个关系中，不同主体的需求、动机和目标相互交织，共同构成了大学生社团的发展轨迹。只有在这种多方互动中，大学生社团才能真正发挥其作用，实现多样化的价值目标，为大学生的成长与发展贡献力量。

二、客体关系

大学生社团的价值客体是大学生社团活动及其因活动产生的社团文化和

校园文化。这些客体是大学生社团活动的实际存在和表现形式，是大学生社团价值主体通过活动所追求的目标和成果。大学生社团活动的多样性和灵活性决定了它可以满足不同价值主体的需求，同时又受到大学管理和指导的框架限制，确保活动的合法合规。在价值客体中，大学生社团活动的内容和形式具有以下重要功能。

1. 大学生社团活动的育人功能是显而易见的。通过参与各类社团活动，大学生能够培养自己的兴趣爱好，发展个人特长，提高自身综合素养，从而实现个人成长和全面发展。社团活动是大学生实践能力和创新能力的重要训练场所，也是大学生社交和团队合作的重要平台。通过活动的参与和组织，让大学生学会解决问题的方法，培养团队精神和领导才能，增强对社会和国家的责任感和使命感。这种育人功能在大学生社团活动中体现得淋漓尽致，为大学生成长成才奠定了坚实基础。

2. 大学生社团活动的繁荣校园文化功能不可忽视。社团活动可为校园文化增添丰富多彩的元素，丰富校园的文化内涵和氛围。社团活动在校园里随处可见，可为大学生和教职工提供各种文化交流和欣赏的机会。丰富多样的社团活动，涵盖音乐、舞蹈、戏剧、艺术、科技等多个领域，各种文化展示和演出不断激发着学生的创造力和艺术天赋。校园文化的繁荣不仅仅是一种视觉和听觉的享受，更是对学生思想境界和审美情趣的熏陶和提升。

3. 大学生社团活动的服务社会功能也是非常重要的。大学生社团作为大学与社会联系的重要纽带，通过各类志愿服务和社会实践活动，为社会做出了积极贡献。大学生社团走出校园，走进社区、福利院、山区学校等地，关心弱势群体，开展公益活动，传递爱心与温暖。这些活动不仅可让大学生体验社会的多样性，增长社会经验，也可为社会解决一些问题，提供有益的服务。同时，这种服务社会的活动也可为大学生社团树立积极向上的形象，增加社会对大学和大学生的认同和支持。

在大学生社团的价值客体中，社团文化和校园文化发挥着特别重要的作用。社团文化是大学生社团活动的集中体现，是由社团成员共同创造和传承的独特文化。每个社团都有自己独特的文化氛围，有自己的核心价值观和行为规范，这些文化特色体现了社团的精神风貌和凝聚力。同时，这些社团文化也影响着大学生的价值取向和行为方式，塑造着大学生的个性与品格。校园文化是大学整体文化的组成部分，是由大学生社团活动和其他校园活动共同构成的。校园文化是学校的软实力，反映了学校的文化底蕴和办学特色，也是学校吸引优秀人才和塑造校园氛围的重要因素。大学生社团活动的丰富多彩和校园文化的繁荣，相互促进，可共同为大学营造充满活力和创造力的校园环境。

大学生社团的价值客体是多维度的，包括大学生社团活动及其产生的社团文化和校园文化。这些客体不仅为大学生提供了实践和成长的平台，也丰富了校园的文化内涵和社会服务，同时又为学校的文化建设和学生的素质提升做出了重要贡献。在价值客体中，大学生社团活动的内容和形式不断创新，满足着不同价值主体的需求，体现着大学生社团的多样性和灵活性。这种客体关系是价值主体与价值客体之间的积极互动，是大学生社团价值关系中的重要组成部分，也是推动大学生社团持续发展和价值目标实现的重要动力源泉。

第四节　大学生社团的价值追求

大学生社团的价值追求是社团成员共同的心声，也是社团事业蓬勃发展的动力源泉。本节将探讨社团成员个人成长与发展的追求、共同兴趣与目标的追求、社会责任与影响力的追求以及文化传承与创新的追求。这些追求将引领社团不断超越自我，勇担使命，迈向更加辉煌的未来。

一、个人成长与发展的追求

大学生社团作为一个自我管理教育与实践的平台，为每个成员提供了一个独特的机遇，让他们在参与社团活动的过程中不断追求个人成长与发展。

1. 社团为成员提供了广阔的舞台，让他们能够发挥自己的特长与才能。每个成员都有机会参与到自己感兴趣的社团活动中，展现自己的创意与能力，担任不同的职责与角色。在这样的舞台上，成员们可以不断锤炼自己的技能与能力，不断探索与实践，实现个人潜能的最大发挥。

2. 社团为成员提供了一个实践锻炼的机会，让他们能够在实际操作中学习与成长。通过组织各类社团活动，成员们可以学习到项目策划、团队合作、资源协调等实际技能，锻炼了解决问题的能力与应变能力。在实践中，成员们也会遇到各种挑战与困难，但正是这些挑战让他们不断学习、成长与进步。

3. 社团为成员提供了一个交流与学习的平台，让他们能够从他人身上汲取营养。社团成员之间在共同的兴趣与目标下交流经验，互相学习与借鉴。在这种交流与学习的过程中，成员们不仅可拓宽自己的视野，还可丰富自己的知识储备。通过与他人交流互动，成员们也能够不断完善自己，提高自己的综合素质与能力。

4. 社团为成员提供了一个实现自我认同与自我实现的机会，让他们能够找到归属感与价值认同。在社团中，成员们能够找到志同道合的伙伴，共同追求共同目标，形成紧密的团队合作关系。在这个集体中，每个成员的贡献都得到认可，每个成员都可感受到集体的凝聚力与温暖。这种团队合作与集体认同，可使成员们更加坚定追求个人成长与发展的信念，激发他们积极向上的精神动力。

因此，大学生社团成员在参与社团活动的过程中不断追求个人成长与发展。社团提供了广阔的舞台和实践锻炼的机会，让成员们能够发挥自己的特长与才能。通过交流与学习，成员们不断丰富自己的知识与经验。在团队合作与集体认同中，成员们实现了自我认同与自我实现，为追求个人成长与发展贡献积极的力量。这种个人成长与发展的追求，将不断推动大学生社团成员在自我管理教育与实践中实现价值的最大化，同时也为社团的繁荣与发展注入源源不断的生机与活力。

二、共同兴趣与目标的追求

大学生社团是一个汇聚共同兴趣与目标的组织形式，成员们在参与社团活动的过程中共同追求着相同的理想与价值。

1. 社团可为成员们提供一个相互交流与分享兴趣的平台。不同社团成员因为对特定领域的兴趣爱好聚在一起，形成了紧密的社交网络。在这个平台上，成员们不仅能够结识到志同道合的朋友，也能够与他人分享自己的热情与激情。在共同的兴趣下，成员们可以畅所欲言，互相倾听，从而不断增进彼此之间的了解与信任。

2. 社团可为成员们提供一个共同追求目标的舞台。每个社团都有自己的发展规划与目标，成员们共同为实现这些目标而努力奋斗。在社团活动中，成员们会共同策划与执行各种项目，共同面对挑战与困难。在共同追求目标的过程中，成员们形成紧密的团队合作关系，共同攻克难关，共同取得成就。

3. 社团可为成员们提供一个实现个人发展与集体发展相统一的平台。社团鼓励成员们发挥个人特长与优势，同时也强调团队合作与集体荣誉。在这样的平台上，每个成员都能够找到个人与集体统一的价值追求，既可实现自身的发展，又为社团的发展做出了贡献。

4. 社团可为成员们提供一个共同学习与成长的机会。在共同兴趣与目标的引领下，成员们不断学习与交流，互相借鉴与帮助。社团活动中的合作与竞争，促使每个成员不断提高自己，不断追求进步。在这个共同学习与成长的过程中，成员们逐渐形成共同的认知，共享成就与荣誉。

因此，大学生社团成员在参与社团活动的过程中共同追求着共同的兴趣与目标。社团可为成员们提供交流分享兴趣的平台、共同追求目标的舞台、实现个人发展与集体发展相统一的平台，以及共同学习与成长的机会。这种共同兴趣与目标的追求，使成员们在共同的价值引领下凝聚力量，为社团的繁荣与发展贡献着独特的力量。同时也让每个成员在社团中找到属于自己的归宿与价值认同，成就自我实现与集体荣誉的统一，为大学生社团的价值追求注入持久的动力与激情。

三、社会责任与影响力的追求

大学生社团作为高校学生群体中的重要组成部分，秉持着社会责任与影响力的追求，不仅关注自身的成长与发展，更注重对社会的贡献与影响。

1. 社团成员积极践行社会责任，关注社会问题，参与公益活动，传递正能量。社团活动中，成员们常常关注社会热点问题，以切实的行动投身到公益事业中。他们组织各类公益活动，关注弱势群体，倡导环保与健康生活，助力乡村发展等，用自己的力量去影响社会、改善社会，传递社会正能量。

2. 社团成员强调影响力的追求，通过社团活动塑造积极形象，传递积极价值观。社团在校园中拥有一定的影响力，成员们会充分认识到自身形象的重要性，他们会在社团活动中严格要求自己，注重言行举止，树立良好的榜样形象。同时，社团成员会在社团活动中传递积极向上的价值观，引导他人树立正确的人生观、价值观和世界观。

3. 社团成员以身作则，引领他人，弘扬社会责任感与影响力。作为社团的骨干，成员们不仅在社团内部发挥着重要的带头作用，也积极影响身边的同学和朋友。他们用自己的行动与言辞传递社会责任感与影响力，带动更多的人关注公益事业，参与到社会建设中。

4. 社团成员重视社会反哺，将积累的知识与经验回馈给社会。社团活动中，成员们在实践中不断学习与成长，他们明白知识与经验的价值，所以更愿意将这些积累回馈给社会。他们通过举办讲座、培训等形式，将所学所得分享给更多人，帮助他人成长与进步。

因此，大学生社团在追求自我成长的同时，也积极践行社会责任与影响力的追求。社团成员通过参与公益活动、传递正能量，强调影响力的追求，引领他人，回馈社会，用自己的行动影响身边的人、影响社会。这种社会责任与影响力的追求，让社团成员在实践中成长，同时也为社会的发展与进步注入了积极的力量。每个社团成员都在这样的追求中找到了奋斗的意义，让社团的价值得以持久传承，为社会建设贡献自己的一分力量。

⚙ 四、文化传承与创新的追求

大学生社团在价值追求中注重文化传承与创新，旨在将传统文化与现代创新相结合，推动社团发展与进步。

1. 社团成员积极传承优秀传统文化。在大学生社团中，许多社团具有悠久的历史与传统，成员们深刻认识到传统文化的独特魅力与价值。他们通过学习传统文化知识、参与传统文化活动等方式，将传统文化传承下去。例如，文学类社团弘扬古典文学，艺术类社团传承民间艺术，这些传统文化的传承活动不仅强化了成员的文化自信，也为社团增添了浓厚的文化底蕴。

2. 社团成员勇于创新，推陈出新。在追求文化传承的同时，社团成员也充分认识到创新的重要性。他们以开拓创新的精神，积极探索社团活动的多样化形式。通过引入现代科技手段，运用多媒体、互联网等，社团活动得到了更广泛的传播与影响。同时，成员们还将创新融入到社团项目的策划与执行中，推出了更具特色的活动，吸引了更多的参与者。

3. 社团成员倡导文化融合与交流。在大学生社团中，成员们来自不同地区、不同文化背景，这使他们认识到文化的多样性与丰富性。在活动中，他们鼓励成员之间的文化交流，借鉴他人的优势，融合多元文化，形成更具包容性与开放性的社团文化。这种文化融合与交流，不仅开阔了成员的视野，也提升了社团的文化内涵。

4. 社团成员积极传递文化精神，推广社团品牌。在文化传承与创新的追求中，社团成员将文化精神融入社团的各个方面。他们注重传递社团的核心文化价值观，形成了独特的社团品牌。通过社团品牌的传播，社团的影响力得到扩大，吸引了更多的成员与支持者。

因此，大学生社团在价值追求中注重文化传承与创新。成员们积极传承优秀传统文化，同时勇于创新，推陈出新。他们倡导文化融合与交流，传递文化精神，推广社团品牌。这种文化传承与创新的追求，不仅可丰富社团内涵，也可为社团的持续发展与繁荣奠定坚实基础。同时，成员们在文化传承与创新的实践中可感受到文化的力量与魅力，增强对社团的认同与归属感，激发他们为社团发展贡献智慧与力量的热情。

第五节　大学生社团的价值实现

社团的价值实现是一项复杂而又关键的任务，需要社团内部团结协作，发挥群体智慧与个人创意。对于大学生社团的价值主体来说，只有实现了社团的主要价值目标，社团对于社团成员、社团指导教师、社团干部骨干等价值主体的那些功能、作用、意义和影响才能得以显现。而大学生社团的价值目标主要是通过大学生社团活动来实现的。这一节将探讨组织管理与规章制度、活动策划与执行、资源整合与运用、外部合作与交流以及成果评估与持续改进等方面的实现方式，为社团的健康发展提供有力支撑。

一、组织管理与规章制度

大学生社团的价值实现方式首先要依赖于良好的组织管理与规章制度的建立。

◎（一）重视组织管理

社团成员应先认识到组织管理的重要性，注重建立高效的组织结构。在社团内部，成员们根据各自的兴趣和专长，分工明确、任务明确，形成了相互配合、协作默契的组织结构。通过选举产生的社团干部发挥着组织者、协调者、推动者的作用，社团的活动有序开展。

◎（二）遵守制度规定

社团成员重视规章制度的制定与遵守。社团在成立初期就根据自身定位与发展需求制定了相应的规章制度。这些规章制度可规范社团的组织架构、活动规范、成员义务等方面的内容，为社团的发展提供有力的保障。同时，成员们也自觉遵守这些规章制度，保障社团内部的秩序与稳定。

◎（三）注重信息与沟通

社团成员注重信息共享与沟通。在现代科技的支持下，社团成员通过社交平台、在线办公工具等多种渠道，实现信息共享与即时沟通。这样的信息共享与沟通机制，有利于成员了解社团的最新动态，协调活动进度，及时解决问题。

◎（四）强调协作与互助

社团成员强调团队协作与互助精神。在社团活动中，成员们始终坚持团队协作的理念，强调合作与互助，共同面对挑战与困难。他们通过分工合作、共同商讨，充分发挥各自的专长，形成高效的团队协作模式。

◎（五）重视成长与提升

社团成员重视成长培训与能力提升。在实践中，成员们意识到个人能力的提升对于社团的发展至关重要。因此，社团成员积极参与各类培训与学习活动，提高自身的组织管理、策划执行、团队领导等方面的能力。这些能力的提升，为社团的持续发展与成长提供坚实的基础。

成员们通过建立高效的组织结构，制定规范的规章制度，强化信息共享与沟通，注重团队协作与互助精神，重视成长培训与能力提升等方面的努力，实现了社团的价值追求。这些方式不仅有助于社团内部的协调与发展，也为社团在校园中影响力的提升奠定了良好基础。同时，这些实践方式也让成员们在组织管理与规章制度建设的过程中受益良多，提升他们的组织管理能力和领导才能，为他们的个人成长与发展打下坚实的基础。

二、活动策划与执行

大学生社团的价值实现方式之二是通过精心策划与高效执行活动，为成员提供丰富多彩的体验与学习机会。

◎（一）重视策划前期准备

社团成员注重活动策划的前期准备。在策划活动之前，成员们充分了解社团成员的兴趣爱好与需求，调研校园内外的热门话题与活动形式，确保策划出符合成员期待的活动。同时，成员们也积极联系相关部门或企业，争取资源支持，提高活动的丰富度与专业性。

◎（二）重视执行中的细节

社团成员注重活动执行的细节安排。在活动执行过程中，成员们严格按照事先制订的活动计划执行，确保每个环节顺利进行。他们悉心组织志愿者队伍，分工合作，保障活动的顺利开展。同时，成员们也注重活动的宣传与推广，通过多种渠道吸引更多的参与者，扩大活动的影响力。

◎（三）重视创新与突破

社团成员鼓励创新与突破。在活动策划与执行过程中，成员们始终坚持创新的理念，不断尝试新的活动形式与内容，注重挖掘成员的特长与优势，开展具有社团特色的活动；同时，也鼓励成员提出新的创意与建议，推动活动的不断改进与提升。

◎（四）重视后期评估与反馈

社团成员注重活动的评估与反馈。在活动结束后，成员们及时进行活动效果的评估，收集参与者的反馈意见。通过对活动的评估与反馈，成员们不仅可了解活动的优点与不足，还能为未来的活动策划提供宝贵经验。

◎（五）注重延续与拓展

社团成员注重活动的延续与拓展。在活动结束后，成员们应不止步于一次活动的成功，而是通过总结经验、整理资料，将优秀活动的元素延续与拓展到其他相关活动中。这种活动的延续与拓展，使得社团的品牌效应得到加强，活动的影响力得到持续扩大。

成员们注重活动策划的前期准备，策划出符合成员期待的活动，并注重活动执行的细节安排，确保活动的顺利开展；鼓励创新与突破，推动社团活动的不断改进与提升；注重活动的评估与反馈，通过不断总结经验，提高活动的质量与水平。这种精心策划与高效执行的方式，不仅可满足成员的需求与期待，也能促进社团健康、有序地发展。这些实践方式也让成员们在活动策划与执行的过程中不断成长与提升，培养他们的组织管理能力与创新能力，为他们的个人发展与职业规划打下坚实的基础。

三、资源整合与运用

大学生社团的价值实现方式之三是通过资源整合与运用，充分利用各种资源为社团的发展提供支持与保障。

◎（一）整合校内外资源

社团成员应积极整合校内外资源。在社团发展过程中，成员们充分利用学校提供的资源，如场地、设备、经费等，为社团的活动与项目提供重要支持。同时，成员们也不应局限于校内资源，积极与校外企业、社会组织等建立合作关系，争取更多的资源支持。

◎（二）注重人才资源的培养

社团应注重人才资源的整合与培养，充分认识到人才是社团发展的核心资源，因此积极吸引优秀的新成员加入，同时注重对现有成员进行培训与能力的提升，激发他们的潜能与创造力。

◎（三）注重技术与信息资源的整合与应用

社团应注重技术与信息资源的整合与应用。在现代科技的支持下，各成员应善于利用信息化手段，如互联网、社交媒体等，宣传社团的活动与理念，吸引更多的关注与支持；同时，注重掌握先进的技术手段，如摄影、视频制作等，提高社团活动的质量与水平。

◎（四）注重财务资源的规范管理与匹配运用

社团全体成员应注重财务资源的规范管理与合理运用。在社团活动中，成员们建立了财务制度，规范了财务流程，确保资金的合理分配与使用。他们注重节约开支，合理规划预算，确保社团活动的经济可持续发展。

◎（五）重视文化与品牌建设

社团应注重文化与品牌资源的传承与发展，认识到文化与品牌是社团的核心竞争力，因此注重传承社团的文化与品牌，不断推陈出新，提升社团的品牌影响力与竞争力。

因此，大学生社团应通过资源整合与运用实现其价值追求，充分整合校内外资源，为社团的发展提供支持与保障；注重人才资源的整合与培养，提高社团的组织管理与创新能力；善于利用信息化手段，提高社团活动的影响力与传播力；规范财务管理，确保社团活动的经济可持续发展；注重传承社团的文化与品牌，提升社团的品牌影响力与竞争力。这种资源整合与运用的方式，不仅可为社团的发展与壮大提供有力保障，也可为成员们的个人成长与发展提供机会与平台。同时，这些实践方式也可让成员们在资源整合与运用的过程中不断学习与成长，培养他们的资源整合能力，为他们的职业发展与社会贡献奠定良好基础。

四、外部合作与交流

大学生社团的价值实现方式之四是通过外部合作与交流，拓展社团的影响力与资源网络。

◎（一）积极与校外机构合作

社团成员积极寻求与校外机构的合作。通过与企业、社会组织、公益机构等建立合作关系，社团可以获得更多的资源支持，如资金赞助、场地提供、专业指导等，为社团的活动与项目提供重要保障。同时，社团与校外机构的合作还能够拓展社团的影响力与社会资源，提升社团的知名度与认可度。

◎（二）注重校际或地区性的社团交流活动

社团成员注重参与校际或地区性的社团交流活动。通过参与社团交流活动，社团成员可以与其他社团互相学习与借鉴经验，发掘新的合作机会，共同推动社团活动的创新与发展。同时，社团交流活动也能够增进社团成员之间的沟通与合作，增强团队凝聚力与协作能力。

◎（三）积极参与学术研讨展览活动

社团成员积极参与学术研讨与展览活动。通过参与学术研讨与展览活动，社团成员可以了解最新的学术动态与前沿知识，拓展学术视野与研究思路。同时，社团成员还能够展示社团的成果与特色，吸引更多的关注与支持。

◎（四）注重与社会公众沟通

社团成员注重与社会公众进行有效沟通。通过建立社团官方网站、社交媒体账号等，社团成员可以与社会公众保持良好的互动与交流，宣传社团的理念与活动，吸引更多的关注与参与。同时，社团成员也注重及时回应社会公众的关切与问题，增强社团的社会责任感与公信力。

社团成员们积极寻求与校外机构的合作，获得更多的资源支持与社会认

可；参与校际或地区性的社团交流活动，与其他社团共同学习与进步；积极
参与学术研讨与展览活动，拓展学术视野与研究思路；与社会公众进行有效
沟通，宣传社团的理念与活动，增强社团的社会影响力与公信力。这种外部
合作与交流的方式，不仅可丰富社团的资源网络与活动内容，也可为社团成
员的个人成长与职业发展提供广阔的机会与平台。同时，这些实践方式也可
培养他们的团队合作能力与公共交往能力。

五、成果评估与持续改进

大学生社团的价值实现方式之五是通过成果评估与持续改进，不断提高
社团的绩效与质量。

◎（一）明确目标任务，定制评估体系

社团成员需要明确社团的目标与任务，并制定相应的指标体系进行成果
评估。通过设定明确的目标与任务，社团成员可以有针对性地进行工作规划
与组织，确保社团的活动与项目有序推进。同时，建立合理的指标体系可以
客观衡量社团的绩效与成果，及时发现问题与不足，为改进提供依据。

◎（二）及时采集数据，定期进行评估

社团成员需要采集、整理和分析相关数据，进行定期评估与总结。通过
对社团活动的数据采集与分析，可以了解活动的参与度、效果、影响力等情
况，发现问题与亮点，为优化社团运营提供参考。同时，社团成员还需要进
行定期总结与评估，分析社团的发展状况与趋势，形成具有针对性的改进
方案。

◎（三）建立评估机制，采纳听取建议

社团成员需要建立反馈机制，听取成员和参与者的意见与建议。在社团
活动中，成员和参与者是直接的受益者，他们对活动的评价与反馈是宝贵的
意见。因此，社团成员需要积极收集并倾听他们的意见，及时做出回应与改

进。同时，社团成员也要主动与学校、社会组织以及相关机构进行交流，倾听他们的评价与建议，以期不断优化社团的服务内容与质量。

◎（四）持续改进运营与管理，提高管理水平

社团成员需要持续改进社团的运营与管理。社团的运营是一个动态的过程，需要不断适应变化的环境与需求。因此，社团成员需要保持敏感的洞察力，及时调整社团的运营策略与计划。同时，社团成员还要积极学习与掌握新的管理理念与方法，不断提升社团的管理水平与效率。

◎（五）倡导积极的组织理念，鼓励成员成长

社团成员需要倡导学习型组织的理念，鼓励成员不断学习与成长。学习型组织是指组织中的成员可以共同学习、共同创新、不断改进，从而适应不断变化的环境与挑战。因此，社团成员需要鼓励成员之间的知识分享与学习，为成员提供学习的平台与机会，促进成员的个人成长与发展。

成员们设定明确的目标与任务，建立合理的指标体系进行成果评估；采集、整理和分析相关数据，进行定期评估与总结；建立反馈机制，听取成员和参与者的意见与建议；持续改进社团的运营与管理，保持敏感的洞察力，不断调整运营策略与计划；倡导学习型组织的理念，鼓励成员不断学习与成长。这些方式不仅有助于提高社团的绩效与质量，也能够促进社团的持续发展与创新。

第五章

大学生社团管理与活动评价

　　随着新时代背景下育人模式的变革与不断深入，大学生社团日益成为高校中具有较大影响力和凝聚力的群体，也成为教学改革的重要抓手。大学生社团在优化人格塑造、协作精神培养、专业学术意识培养等方面都发挥着独特的、不可替代的作用。高校学生社团随着新时代高校的不断发展而发展，作为思想政治教育的重要平台，大学生社团的管理日益成为重要课题。

第一节　大学生社团管理工作

⚙ 一、大学生社团成立

◎ （一）大学生社团成立前提

目前，各大高校为规范社团建立，都设置了管理社团的机构，它主要通过严格审核各大新社团的入门要求，衡量社团是否具有发展潜质，进而促进社团规范产生和规范管理。例如，在社团申请时，可以通过社团宗旨、社团管理制度、岗位职责、社员人数、指导教师人数等方面直接体现。当然，只要是在校在籍学生，满足社团管理相关条件都是可以申请的。[1]

例如，《绵阳城市学院社团管理办法》第一章第二条明确指出，社团成立需要在校就读并有正式学籍的学生自愿组成，且社团具有非营利性。成立社团，各大高校对人数都有所要求但不尽相同，根据绵阳城市学院相关规定必须有25名以上发起人。第一章第三条也明文规定，各社团未经学校批准，不得开展大规模社会调查、举办哲学社会科学讲座和报告会以及跨学校、跨地区活动。学生社团必须在我国法律规定的范围内活动；必须坚持四项基本原则，拥护党的路线、方针、政策；以推动大学生全面发展为目标，坚持以人为本，全面推进素质拓展；充分发挥自我教育、自我管理、自我服务的积极性；遵守学校的各项规章制度。

◎ （二）大学生社团建立通用流程

1. 申请。

发起人（集体或个人）向学生社团管理部门递交书面申请。申请报告资料上必须写明社团成立的目的、宗旨和性质、发起人的简要情况，以及会员组成情况等，同时邀请学校教师或校领导担任协会指导教师（指导教师可以

1　张晓琪，王秋兰．大学生科技社团建设研究与探索 [M]．北京：中国纺织出版社，2021.

是团委书记、学生工作负责人、辅导员、任课教师，至少一名指导教师），并由指导教师签字。要做到有章程、有骨干、有指导教师、有社团成员。

2. 审批。

学生社团管理部门根据社团申报情况审核材料，核实情况真实性，并予以审批。未经批准前，任何单位和个人均不得成立社团、招收会员、开展活动等。

3. 公布。

凡新批准建立的社团，一律由学生社团联合会发书面成立通告。

4. 印章。

任何社团原则上不允许制作印章，因工作需要使用印章，必须向学生社团管理部门提出书面申请， 由"学生社团联合会章"代章。

◎（三）大学生社团的建立和取缔

1. 社团每年需在学生社团联合会注册一次，但如果出现学期内无活动、违背社团章程，不服从学生社团联合会管理这两条则不予注册。

2. 社团因违反校规校纪、国家法律，造成不良社会影响的，由学生社团管理部门根据情况予以取缔，有关人员根据学生管理相关规定处理。

3. 社团的注册、注销和取缔由学生社团联合会书面通告全院。

二、大学生社团管理

◎（一）大学生社团章程内容

凡具备明确的宗旨、章程和健全的组织机构，均可申请建立社团。根据学校对社团管理的规定，大学生社团章程应包括以下内容：

1. 社团的名称；

2. 社团的目的、宗旨和性质；

3. 社团经费的来源及管理；

4. 社团组织机构；

5. 负责人的产生和职权范围；

6. 社团活动范围和方式；

7. 其他必要事项。

◎（二）大学生社团机构建设

大学生社团坚持民主集中制原则，各社团由学校团委总体牵头，社团理事会领导，理事会可设置两级：一是会长及副会长，共两名（会长 1 人，副会长 1 人）；二是理事成员 5 ～ 7 人。民主推选出会长及副会长后，明确职责，包括制定社团章程、制订实施计划、定期召开会议、招纳新会员、组织日常活动、社团奖惩、财务管理等工作。

◎（三）大学生社团成员的权利与义务

1. 社团成员的基本权利：

（1）有参加社团选举和被选举的权利；

（2）有参加社团活动的权利；

（3）有对社团工作提出建议、质询和批评的权利；

（4）有退出社团的权利；

（5）有向学生社团管理部门反映社团情况的权利。

2. 社团成员的义务：

（1）热爱祖国，坚持四项基本原则，拥护党的路线、方针、政策，遵纪守法，维护社团的声誉；

（2）自觉遵守和维护社团章程、规章制度，积极参加社团的各项活动；

（3）执行社团的决议，完成社团委托和交办的各项工作、任务；

（4）关心社团工作，主动向社团负责人提出良好的建议；

（5）会员团结友爱，互相帮助，共同提高。

◎（四）大学生社团物质保障

学校提供大学生社团日常活动的必要办公经费，保证社团管理工作正常开展。社团活动经费坚持以自筹为主，划拨为辅；大力提倡社团开展有偿社会服务和争取社会赞助。学校各有关部门应积极为社团筹措经费创造条件。社团争取社会赞助时必须通过团委审批，不得私自以个人社团名义签署任何协议。

社团未经团委批准不得收取社员任何费用，确实因开展活动需要收取费用的在经社员同意后报团委审批。

社团内部应设出纳和会计，会长负责签字使用本社团经费。收支详细明确，保存原始发票以备核实，发票必须由会长及经手人签字方可报销。理事会应定期召开会议，核查经费，社团每学期向会员大会公布经费的收支情况一次。

◎（五）大学生社团考核评估

高校团委或社团管理部门定期对大学生社团进行考核评估，通过考核深入剖析社团发展基本情况、了解社团优势特色、发展困境及社团未来规划。

长期以来，各大学校制定的社团考核评估标准大致相同，经过简单分类，考核依据主要包括以下部分：①从组织的社团活动来看，涉及活动策划书、开展社团活动的数量及效果、社团活动的人员参与率及影响力、活动总结报告；②从社团规划来看，涵盖工作计划、工作总结、特色成果、与其他社团联合发展成效；③从奖惩机制来看，主要囊括对社团、负责人、社员等人员进行适当奖励，对表现不好的社团做出一定惩处措施甚至解散。

我国各大高校都会根据自身学校教育理念和社团管理标准评估社团发展，绵阳城市学院根据学校干部管理办法也制定了相关社团考核办法，考核内容与其他各大高校基本相同，除此之外还对社团指导教师进行工作考核，制定《社团指导教师管理办法》，其中第四章第十四条至十八条明确规定社团指导教师工作的考核和奖惩。

◎（六）大学生社团指导

中共中央、国务院在《中共中央　国务院关于进一步加强和改进大学生思想政治教育的意见》中指出，通过选聘高校社团指导教师，加强社团管理，引导大学生社团自主开展活动。绵阳城市学院在社团成立文件基础上也出台了《关于绵阳城市学院社团指导教师管理办法》，要求指导教师作为社团成立的先决条件，开展深入细致的思想政治工作，组织推动活动开展，保障社团健康运行，指导学生推进社团全面建设与发展。该项管理办法从三大模块明确提出指导教师的任聘条件、工作职责、考核和惩罚标准，通过加强社团指导教师的工作规范，推动学校学生社团健康有序多元化特色发展。

◎（七）社团活动实施步骤

1. 活动前：策划方案。

社团活动的成效性是衡量一个社团建设成果的一个重要指标，社团活动是建设高校文化的重要渠道和载体。高校学生社团的文化传播，对引导新时代大学生树立社会主义核心价值观有重要的作用，而社团活动是衡量社团文化建设效果如何的先决风向标。在活动举办前，通过论证方案决定是否有必要进一步开展。不少社团活动在方案设计及开展方面存在这样那样问题，例如活动对象模糊、活动负责人个人主观因素明显、内容不真实、形式不新颖、参与人数较少、宣传力度不够等都是实际策划过程中常遇到的问题。由此可见，进一步明确活动实施步骤、提升社团活动设计水平，对于高校社团文化建设是必不可少的命题。一个完整的社团活动可涵盖但不局限于活动背景、活动目的、活动意义、活动主题、活动时间及地点、活动宣传方式、活动参与对象、活动开展方式、活动经费、活动工作人员安排、活动注意事项及紧急预案、活动奖励等要点（如图 5-1）社团××活动。

XX 社 XX 活动策划方案

一、活动背景……3
二、活动目的……3
三、活动主题……3
四、活动意义……3
五、活动地点……4
六、参与对象……4
七、活动时间……4
八、活动方式……4
九、活动项目……5
十、后勤组……5
十一、活动事项……6
十二、学时奖励……7
十三、经费预算……8
十四、紧急预案……9
十五、附则……10
十六、意见表……10
附录……11

图 5–1　× × 社团 × × 活动策划方案

（1）活动主题、目的。

任何活动的方案设计，确定主题和目的都是不可或缺的关键因素。社团活动策划必须首先点明主题，围绕主题进一步设计活动，为接下来细致入微的方案实施做充分准备，点明活动主题及目的也能够提前预设活动效果。在活动主题及目的方面，我们应注意以下几点：一是活动主题清晰简洁，活动目标具体化；二是活动主题必须符合新时代中国特色社会主义发展要求，符合当前国内外实际发展形势，活动主题必须积极向上、阳光健康；三是活动主题要符合当代大学生的需要和兴趣点，围绕主题设计的活动要新颖，要充满吸引力，充分体现社团的自我特色。

（2）参与对象。

活动的开展是以活动参与主体为中心，在活动设计中要明确活动对象、特别是活动参与者的要求。例如公文写作社在举办网文竞赛时，要明确可参加的对象是大学几年级学生，是只能校内学生参加还是对外开放式参加。同时，一些需要安排在室内的大型文艺活动可能参与的人数较多，出于对场地空间大小的考量，进一步确定是否对参与对象人数的限制，也是我们需要考虑的因素。

（3）活动时间及地点。

大学生除了要积极参加丰富的校园活动外，更要平衡学业和实践之间的关系，不能本末倒置。我们都很清楚，大学前三年课程较多，大四的重心更是聚焦于就业、毕业论文（毕业设计）、实习等多个方面，因此不同活动应根据不同对象、课程时间做出合理安排。各大高校为鼓励大学生积极参加校园文化活动，一般周三下午不排课，或是学生根据自身兴趣爱好选修课程。因此，周三也是举办社团活动的好时机，但同时我们也要考虑到当天其他社团活动的安排，避免多个活动因时间冲突而影响了参与者的到场。另外，在地点的安排上，我们要考虑学生在室内、室外活动场地中的适应性需求，根据预计到场参与人员的数量安排活动场地。

（4）活动宣传方式。

随着互联网时代的发展，社团活动宣传方式多种多样。在活动前，我们可以通过官方微信、微博、抖音等多个平台预热，可以通过学校张贴栏、拉横幅等简易方式加大宣传力度，也可以通过教师、学校宣传部、班委干部、社团成员等骨干力量，在易班、QQ 群、工作群等平台进行有效传播。值得一提的是，在活动开展结束后，我们仍然可以运用这些平台发送新闻稿进行后期宣传，进一步扩大社团活动的传播力和影响力。

（5）活动形式。

依据高校社团活动形式的多样性，我们选择活动开展的形式也尤为丰富，但活动的开展更应该符合社团属性和活动目的。例如，思想政治类活动一般采用知识讲座、知识竞赛、演讲等形式，文娱类活动可以通过竞技比赛、特长展示等方式开展。

（6）活动经费。

活动经费是社团活动开展的重要支撑，没有经费支持，再好的活动也难以开展。每个社团举办活动的经费都会得到学校管理部门的支持，或是自我筹备，在活动设计时都应细致入微地罗列所需要的各种开销费用，包括已有资源和需要资源，要充分利用已有资源，如校园的桌椅、校园场地等，做到开支合理，让活动经费用在实处，尽可能以最少的资金投入达到最理想的活动效果。

（7）活动注意事项及紧急预案。

凡事预则立，不预则废。社团在开展活动之前一定要充分考虑过程中可能发生的突发状况，并做好预案工作。突发状况是不能预见的，除了做好预案之外，我们还可以采取一些有效行动。例如，在大型活动时，为预防踩踏或其他事故发生，可以提前联动相关部门，做好现场活动秩序的维持协助工作；若已经提前调试设备，但还出现活动现场设备故障问题，要冷静采取安抚措施并推进下一步工作，这些我们都可以在活动方案的注意事项部分提前设置好应急方案。

要想活动举办得好，达到预设的效果，在活动方案设计时就要全面细致。以上几个方面只涉及部分，还有很多方面没有详细点出，但这并不代表其他方面不重要。社团活动设计各个方面环环相扣，缺少任何一环都不完整，在实际活动设计过程中要注意内容的完整性、可操作性。

2. 活动中：活动筹备和组织。

活动策划书拟定并通过后，就可以按照其上的内容开展进一步的准备工作。为保证社团活动顺利展开，在活动准备过程中，社团应注意以下几个原则：

（1）落实责任，分工明确；

（2）跟踪指导，实时反馈；

（3）准备全面，保障物资到位；

（4）加强与其他部门联动合作。

在活动筹备过程中，每个模块要指定专门负责人对接工作，如遇问题及时提前反馈，降低活动出现问题的可能性。但如果在活动开展过程中遇到突发状况，按照活动策划时的预案方案应对即可，如果不能处理，应立即报告指导教师或是现场相关负责人。

3. 活动后：总结和评价。

活动结束并不是万事大吉，应及时召集相关工作人员开展一次研讨会，对本次活动全过程进行总结和评价。评价的内容包括活动目标实现情况、活动举办的满意度、活动人员参与率、活动出现的问题及改进对策等。

三、大学生社团的运行管理

◎（一）规范划分学生社团类型

要规整社团类型，在建立社团分类体系上下功夫，推进社团分类、分层高标准建设。具体来说，一是要严抓社团分类，合理规划审批布局。社团类别多种多样，不同社团的属性、活动内容、特色品牌方面要有所差异，避免社团重复建设。以绵阳城市学院为例，其大学生社团分为学术、体育健身、文化娱乐、公益服务、实践促进、科技创新等多个类别，学校在审批门槛时严格设置人数要求、社团育人功效，避免造成社团有限资源的分散和浪费。二是建立科学的评估体系。在社团发展过程中严格依据统一考核标准对不同社团机制进行考核与监督，针对考核发现的问题及时进行反馈。针对不同类型的社团采取不同的评估方式和管理方案，推行差异化管理。如加强对思想政治教育类文化社团的监督工作，时刻把握该类社团的发展方向和育人传播方式，把握同类社团运营规律，为社团建设发展提供普适性方法论指导。

◎（二）加强社团指导教师遴选

社团指导教师是社团长远发展、日常活动开展的指导者和规划者，社团发展特别是社团成立早期，无论从哪个方面都离不开教师的专业指导。目前，部分社团指导教师管理能力欠缺、精力有限，对社团活动的方案策划、过程开展的指导性意见不到位。究其原因我们不难发现，大部分大学生社团的指导教师由辅导员、专业课教师、团委教师兼任，这些教师在学生管理、党团班级建设、教学科研方面已难以抽身，没有足够的时间和精力投入社团工作中，难以进行深入细致的指导。这就导致部分指导教师难以发挥应有的指导作用，学生社团得不到有效的指导。[1] 因此高校应加强社团指导教师的遴选工作，要对指导教师的选拔制度进行调整。

综合考虑，我们可采取以下几个措施进行改善：一是在聘请指导教师时，要尽可能提高指导教师专业背景和社团属性的契合度，让二者性质相近，这样更能让指导教师将自身丰富的专业知识投入社团指导。二是探索"双师型"指导教师路径，即挖掘"行政教师＋专业教师"模式，从具有丰富经验的行政教师、辅导员、专业接近的教师中选聘，组建一支"双师型"指导教师队伍，结合行政管理优势和专业知识技能，对社团的日常活动进行培训，对社团的未来发展进行引导。三是制定科学的考核评价机制。采取定期上交电子材料、期中期末个人述职、社团主要学生骨干评价、高校团委部门打分制等多种方式进行综合评价，督促指导教师认真履行职责。四是建立奖励激励机制。学校根据指导教师及社团成果的考核结果，设置等级不同的奖励，充分激发大学生社团指导教师的积极性、创造性，为大学生社团的可持续性发展提供必要保障。

---

1 任志宏，赵平 . 高校学生社团管理工作研究 [J]. 思想教育研究，2011（11）：106-108.

◎（三）加强社团的日常管理监督

大学生社团指导教师的指导要以管理为本。大学生社团要通过管理实现持续性健康发展。指导教师要根据社团成立的时间和成熟度进行收缩自如的管理与监督，要真管，要会管，要严管，要统管。

1. 要真管。

大学生社团早期成立时因管理经验不足，社团制度建设不成熟，容易出现人员松散的现象。指导教师及社团发起人应在社团成立初期，真抓管理狠抓落实，借助管理补齐短板，明规矩于前，寓严管于中，施奖惩于后。

2. 要会管。

利用有队伍、有制度、有活动、有培训、有考核的"五有"管理模式，促进社团高效规模化运行，激发社团活动和干事效率，让想做事、真做事、做实事的社团成员来有所学、学有所用、用有所成，以此提高大学生理论实践水平和综合素养，优化学生社团管理模式。

3. 要严管。

推进管理理念与时俱进，拟定科学的社团管理制度，在制度制定之初要严格坚持正确的指导思想，综合采取多种措施促进管理制度高质高效落实，对于违背社团规章制度的社团成员要一视同仁，要根据制度及时采取处理措施。

4. 要统管。

指导教师要管、社团要理、学生要带，社长要引导、骨干要积极、社员要跟进，形成齐抓共管之合力，上下一致凝心聚力。

◎（四）加强社团学生干部建设

社团学生干部是社团的主干力量，不仅是指导教师和社团成员之间的纽带，更是社团发展的核心建设者，其工作能力和生活素养直接对社团未来走向和发展方向产生直接影响。当前，社团学生干部队伍也面临着诸多困境。

很多高校虽然有特别多的校级院级社团，但社团规章制度，特别是干部激励措施和培训制度的出台速度跟不上社团总数量的增长速度，最终导致社团学生干部缺乏工作热情、工作效率下降、工作质量不高。加强社团学生干部队伍建设，不仅能够带领新时代青少年坚定不移地走中国特色社会主义发展道路，自觉承担社会责任与历史使命，还能进一步培养大学生领导组织能力，全面提升大学生自我管理、自我实现能力，这与高校培养有政治意识、创新意识和学习能力、策划能力的社会主义有才青年是一脉相承的。因此，可以从严把入口关、培训关、考核关方面加强大学生社团学生干部建设。

1. 把好入口关。

社团应将政治标准作为社团学生干部选拔的第一标准，从思想素质、坚定信念、为民服务、严守纪律等方面综合考察，确保社团学生干部队伍的纯洁性和先进性；从专业能力、实干精神等方面全面考量，让脚踏实地想干实事的有志青年充实社团学生干部队伍，提升社团整体工作干劲和办事效率。

2. 掌握培训关。

提前在社团学生干部中间进行能力提升意愿调查，收集他们进入社团想要提升的技能和实现愿望，精心制定培训方案，通过邀请学校领导、专业指导教师、优秀学生青年干部等对社员开设培训课程。通过知识讲座、一对一技能指导、实践活动、对外交流等多种形式，永葆青年干部初心，努力提升青年干部的理论水平和实践服务能力。

3. 完善考核关。

社团学生干部与社团成员代表、社团指导教师、社团管理部门、高校团委等相关人员和部门组建社团考核队伍，制定健全的考核与奖励机制，注重"优秀社团""优秀干部""团学之星"的选拔，充分发挥"优秀社团""优秀干部"的带头示范作用，打造星级社团和优秀干部队伍。

◎（五）打造社团特色品牌活动

品牌活动是最能直接塑造和传播社团形象的重要名片，打造特色文化实践品牌活动，不断提高社团在高校大学生中的知名度，对打造星级社团具有重要的作用。当前各大高校因同类型社团较多，在举办活动时难免出现"撞衫"情况，这类社团因活动缺乏创新性，难以提升对外吸引力，因此，举办具有自身特色的社团活动成为提升社团影响力的重要方式。

1. 找准定位，立足自身特色。

每个社团既然能够通过层层筛选成立并发展壮大，那在成立之初一定有社团的特色。挖掘社团特色活动，才能更好地跟上时代步伐，满足青年大学生的个性化需要。一味地照搬照抄其他社团发展模式，不注重自身属性和文化内涵，只会导致更多社团活动批量生产，让社团成员及活动参与者逐渐失去兴趣和新鲜感。因此，社团活动要找准自我定位，发挥社团优势，挖掘社团潜在特质，充分运用线上线下等多种方式，积极学习其他社团的成功经验，打造自我特色品牌，塑造社团好口碑，推动社团专业化发展。例如，公益环保类社团一直延续推动"旧物换新物"活动，在 2021 年疫情期间，一些大学生社团充分抓住大学生的兴趣爱好利用各种废弃纸板和材料设计出一种很新的玩法——"纸壳小狗"，最后在高校掀起一股"纸壳宠物"的"环保养宠物方式"热潮。这不仅是释放焦虑、寻找生活趣味点的突破口，更是一种新的娱乐方式和新的精神寄托。打造特色、突破创新，是社团可持续性发展的重要资源，用好这笔资源，大学生社团既能更好地宣传自己，也能不断满足大学生的需求，更能推动校园文化建设，是多赢之举。

2. 紧跟步伐，丰富品牌内涵。

大学生社团作为实施高校"第二课堂"和推动高校文化建设的载体，便于有效贯彻与落实党和国家的教育方针政策、思想政治教育工作、社会主义核心价值观等内容。因此，大学生社团要充分发挥自身作用，利用社团活动结合特殊节日，大力传播爱国主义精神和红色文化，找到社团特色与理想信念教育的结合点，创造性地设计活动，与时俱进，满足青年大学生求新知、长技能的心理需求，赢得党政认可和学生拥护，才有利于社团组织朝着良性、健康的方向长远发展。

3. 联动聚力，实现资源整合。

当前大学生社团活动多而杂，其中一些活动忽视了质量，耗费了成员精力和学校资源，影响社团口碑。因此，大学生社团应制定严格的活动筛选制度，淘汰"以次充好"了"同质文化"等活动，倒逼各个社团找准个性，开展特色活动，打造社团品牌。要加大与校内各社团间的合作，鼓励采用联动举办活动的形式；更要重视校外学习交流机会，借鉴优秀经验，从校内校外资源整合出发，让不同的社团文化融合时代发展，最终构建多元化特色校园文化模式，实现各美其美，美美与共。

第二节　大学生社团干部角色定位

社团干部作为社团的中坚力量，其角色定位至关重要。这一节将聚焦于社团干部的角色定位与责任使命、政治意识的体现、大局意识的重要性、服务意识的践行以及创新意识与合作意识的发挥。这些方面将帮助社团干部更好地履行职责，为社团的发展贡献更多智慧与热情。

一、角色定位与责任使命

在大学生社团中，社团干部扮演着关键的角色，他们是组织的领导者和管理者，肩负着重要的责任使命。

1. 社团干部的角色定位是团结凝聚成员，推动社团共同成长。作为领导者，干部们应当以身作则，以高尚的品德和优秀的素质成为大家的榜样。通过诚信、坚韧和责任感的体现，他们能够赢得成员的尊重和信任，增强成员之间的凝聚力和归属感。

2. 社团干部的角色定位是协调组织内部事务，优化资源配置。干部们需要制定明确的工作计划和目标，合理规划社团的发展方向和策略。在日常工作中，他们要与成员密切合作，搭建有效沟通的平台，充分听取各方意见，从而做出更科学、更全面的决策。同时，干部们还应当善于调动组织内外的资源，促进资源的合理分配和利用，最大限度地提升社团的综合实力和影响力。

3. 社团干部的角色定位是发展激励成员，提升整体水平。干部们应当关注每个成员的个性和特长，根据其潜力和需求提供相应的培训和机会，激发成员的创新和潜能。同时，干部们还要注重团队建设和人才培养，帮助成员在团队中获得成就感和归属感。通过建设性的反馈和鼓励，他们能够激发成员的积极性和责任心，促进整体团队的成长和进步。

4. 社团干部的角色定位是代表社团与外界交流合作，拓展社团影响力。干部们要积极参与校内外的交流活动和合作项目，展示社团的特色和实力，吸引更多的关注和支持。同时，他们要具备一定的公关和沟通能力，与各类人士建立良好的关系，为社团争取更多的机遇和资源。通过与其他社团、学校、企业等多方合作，干部们能够拓展社团的发展空间和合作机会，提升社团在校园和社会的影响力。

5. 社团干部的角色定位是引领社团发展，持续创新与进步。作为组织的领导者，干部们应当具备战略眼光和远见卓识，勇于面对挑战和风险。他们要不断学习和更新知识，关注时事和社会动态，及时调整和优化社团的发展战略。同时，干部们要鼓励成员提出新的理念和创意，鼓励尝试新的活动和项目。通过持续创新和进步，社团能够不断适应变化的环境和需求，保持活力和竞争力。

因此，社团干部的角色定位是团结凝聚成员，推动社团共同成长；协调组织内部事务，优化资源配置；发展激励成员，提升整体水平；代表社团与外界交流合作，拓展社团影响力；引领社团发展，持续创新与进步。通过积极履行这些责任和使命，社团干部能够发挥领导作用，推动社团不断向前发展，实现价值追求与目标。

二、政治意识在角色中的体现

政治意识是社团干部角色中不可或缺的重要素质，它涉及社团干部对党的路线方针政策、国家大政方针和社会主义核心价值观的认同、理解及实践运用。

1. 政治意识在角色中的体现是树立正确的世界观和价值观。作为社团干部，必须牢固树立马克思主义世界观和人生观，坚定信仰，坚决维护党的领导和中国特色社会主义制度，自觉抵制各种错误思想的侵蚀。在面对复杂的社会环境和矛盾冲突时，政治意识使干部能够保持清醒头脑，不受干扰，正确处理问题，不偏离正确方向。

2. 政治意识在角色中的体现是坚决维护党的纪律和集中统一领导。作为共产党员或共青团员担任社团干部的，必须自觉遵守党的纪律，严格执行组织的决定和部署，维护党的统一战线政策，加强与党组织的联系，确保党的路线方针政策在社团中得到贯彻落实。在社团的决策和管理中，干部要具有高度的政治自觉性和纪律性，坚决防止个人主义和分散主义现象，保持整体团结，增强社团的凝聚力和战斗力。

3. 政治意识在角色中的体现是坚持全心全意为人民服务的宗旨。社团干部必须始终把人民群众的利益放在首位，始终保持与人民群众的密切联系，深入了解他们的需求和诉求，为人民群众谋利益、解难题。在社团的各项活动中，干部要积极参与为人民服务的实践活动，倾听人民意见，帮助解决实际问题，不断增进人民对社团的信任和支持。同时，政治意识还要求干部密切关注社会热点和民生问题，主动参与社会公益事业，为实现社会主义现代化、共同富裕和美好生活贡献自己的力量。

4. 政治意识在角色中的体现是坚持正确的舆论导向。社团干部要认清宣传舆论工作的重要性和敏感性，自觉遵循党的新闻舆论工作方针，坚决贯彻中央重大决策部署，及时传达党的声音，引导舆论方向，维护国家形象和社团形象。干部要善于运用各类媒体平台，宣传社团的先进事迹和优秀成果，传播正能量，引导社会关注和支持社团的发展。同时，干部要坚决抵制虚假信息和有害思想的传播，加强网络安全意识，防范和应对舆论风险，确保社团的声誉和形象不受侵害。

综上所述，政治意识在社团干部角色中具有重要的体现，包括树立正确的世界观和价值观、坚决维护党的纪律和集中统一领导、坚持全心全意为人民服务的宗旨、坚持正确的舆论导向。只有具备高度的政治意识，社团干部才能够真正成为优秀的领导者和管理者，引领社团不断发展壮大，为实现社团的价值追求和目标不断努力奋斗。

三、大局意识在角色中的体现

大局意识是社团干部在角色定位中不可或缺的要素，它涵盖了对社团发展、学校发展、乃至整个社会发展的全局性认知。

1. 社团干部要有全局意识，要站在社团发展的整体高度，审时度势，把握社团发展的大趋势。在日常工作中，社团干部要紧密关注社团的使命和愿景，着眼于社团发展的战略目标，科学规划发展方向，坚持问题导向，以全局的眼光看待和解决社团发展中的各种问题和困难。

2. 社团干部要有学校发展大局意识，紧密结合学校的发展目标和任务，主动融入学校的整体发展，积极配合学校的各项工作，推动学校的教学科研、文化建设、人才培养等各项工作取得更加优异的成绩。社团作为学校教育教学的重要组成部分，社团干部要深刻认识到自己肩负着学校的重要使命，时刻把学校的发展和社团发展紧密结合，积极为学校的发展贡献自己的力量。

3. 社团干部要有社会发展大局意识，认识到社团的发展离不开社会的支持和认可，社团的发展必须与社会的需求相契合，服务社会的发展和进步。社团干部要加强对社会的调查研究，了解社会的发展动态和需求变化，积极引导社团服务社会，推动社团与社会各界开展更加紧密的交流与合作，不断提升社团的社会影响力和认知度。

4. 社团干部要有全局意识，善于从整体上思考问题，协调各方面的资源和利益，形成合力推动社团发展。在处理社团内部问题时，社团干部要充分考虑各方面的意见和建议，兼顾不同成员的需求，形成共识，团结一致，推动社团团结稳定，向着共同目标前进。

5. 社团干部要有战略大局意识，深入思考社团的长远发展规划和战略布局，不被眼前的成绩和困难迷惑，坚定信心，持之以恒地推进社团的发展。在制订社团发展战略和计划时，社团干部要充分考虑社团的内外环境，科学决策，务实行动，确保社团发展的可持续性和稳定性。

6. 社团干部要有责任担当的大局意识，不断提高自身综合素质，增强解决问题的能力和担当精神，勇于挑重担，敢于担风险，勤于作表率，真正做到为社团的繁荣发展贡献自己的智慧和力量。

大局意识在社团干部的角色中起着举足轻重的作用。只有具备全局性的认知和意识，社团干部才能更好地统筹规划社团发展，协调各方面资源，推动社团不断壮大发展，在自主管理中展现出强大的战斗力和凝聚力，为社团成员谋求更好的发展和福祉。

四、服务意识在角色中的体现

服务意识是社团干部角色中至关重要的品质，它要求干部始终以服务他人、服务社团成员、服务社团发展为宗旨，倾心倾力为社团的发展和成员的成长提供优质服务。

1. 服务意识在角色中的体现是关注成员需求，积极满足其合理诉求。作为干部，要善于聆听成员的意见和建议，了解成员的需求和期望，将社团成员的利益放在首位，以实际行动回应成员的期待。在社团活动的策划和组织过程中，干部要因地制宜，根据成员的特点和兴趣，精心设计活动内容，确保每个成员都能够获得满足感和归属感。

2. 服务意识在角色中的体现是关心成员成长，提供专业指导和培训。干部要积极指导成员的学习和工作，帮助成员克服困难，提高专业水平和技能素养。在社团的日常管理中，干部要注重培养成员的领导才能和团队意识，鼓励成员发挥自身优势，参与决策和规划，共同推动社团的发展壮大。

3. 服务意识在角色中的体现是促进团队凝聚，创造和谐氛围。干部要善于团结成员，建立融洽的人际关系，增进团队凝聚力。在处理团队内部的矛盾和摩擦时，干部要以公正和包容的态度化解矛盾，倡导开放的沟通和坦诚的交流，共同维护团队的和谐稳定。

4. 服务意识在角色中的体现是关注社团形象，传递正能量。干部要树立正确的社团形象，注重社团的品牌建设和宣传推广。通过社交媒体、公众平台等多种渠道，宣传社团的文化特色和优势，积极传递社团正能量，吸引更多的人参与到社团活动中来。在公共场合代表社团出现时，干部要以崭新的形象示人，展现社团的活力和魅力。

5. 服务意识在角色中的体现是积极参与社会公益事业。社团干部要具有社会责任感，关注社会问题，积极参与公益活动，用实际行动回报社会。通过组织志愿活动、社会服务等形式，传递社团的社会价值观，激发成员的社会意识和公民意识。干部要引导成员关注社会的发展变化，关心弱势群体的困难，通过自己的努力和付出，推动社会的进步和发展。

6. 服务意识在角色中的体现是重视用户体验，提供优质服务。社团的"用户"不仅包括成员，还包括社团的合作伙伴、赞助商和社会公众。干部要始终以用户需求为导向，关注用户的反馈和建议，不断改进工作方式和服务质量，提供更加优质、便捷的服务。干部要注重细节，关心用户的感受，以温暖的态度和高效的工作，赢得用户的信任和满意。

因此，服务意识在社团干部角色中具有重要的体现，包括关注成员需求、关心成员成长、促进团队凝聚、关注社团形象、积极参与社会公益事业以及重视用户体验。只有具备高度的服务意识，社团干部才能够真正成为社团成员信赖的领导者，推动社团不断向前，为实现社团的价值追求和目标而不断努力奋斗。

五、创新意识在角色中的体现

在当今快速变化的社会环境中，社团干部必须具备创新意识，敢于突破传统，勇于尝试新思路和新方法，不断开拓创新，推动社团不断发展壮大。

1. 创新意识在角色中的体现是挖掘潜能、勇于探索。社团干部要善于发现社团及其成员的潜力和优势，勇于尝试新的发展方向和项目。在面对问题和挑战时，干部要勇于探索解决问题的新途径，不断寻求创新解决方案，推动社团的各项工作取得新的突破。

2. 创新意识在角色中的体现是推陈出新、持续创新。社团干部要善于在社团的管理和活动中推陈出新，不断更新社团的运作模式和活动内容，以适应时代的发展和成员的需求。干部要鼓励成员提出创新的想法和建议，激发成员的创造力和创新能力，共同打造具有特色和竞争力的社团品牌。

3. 创新意识在角色中的体现是拓展资源、实现共赢。社团干部要善于拓展社团的资源渠道，积极寻求合作机会，推动资源共享和互利共赢。干部要勇于与其他社团、学校、企业等建立合作关系，共同开展有意义的活动和项目，共同促进各自的发展。在资源整合中，干部要注重创新合作模式，突破传统的合作思维，实现资源的优化配置和高效利用。

4. 创新意识在角色中的体现是培养创新团队、激发创新活力。社团干部要注重培养创新团队，吸引具有创新意识的成员加入社团，激发团队的创新活力。干部要为成员提供创新学习的机会和平台，组织开展创新讲座、研讨会等活动，激发成员的创新思维和创新能力。在团队的日常管理中，干部要鼓励成员提出创新想法，并给予充分的支持和鼓励，营造积极向上的创新氛围。

5. 创新意识在角色中的体现是引领未来、迎接挑战。社团干部要树立远大的发展愿景，勇于引领社团走向未来。干部要关注社会发展的趋势和变化，积极预测未来的挑战和机遇，为社团的发展制定长远规划和战略。在面对挑战和困难时，干部要坚定信心，勇于迎接挑战，敢于创新，不断调整和优化工作策略，推动社团持续稳健发展。

6. 创新意识在角色中的体现是培养创新文化、营造创新氛围。社团干部要积极培养创新文化，营造支持创新的氛围。干部要鼓励成员勇于表达自己的创新想法，促进成员之间的创新交流和分享。干部要宽容接纳失败，鼓励成员在实践中不断试错和探索，激发成员的创新激情和创造力。

在创新文化的营造中，干部要发挥示范带头作用，率先垂范，树立良好的榜样，鼓励全体成员共同参与到创新的大潮中来。创新意识是社团干部角色中的重要素养，只有具备了坚定的创新意识，社团干部才能在竞争激烈的大学生社团中脱颖而出，引领社团走向成功的道路，迎接未来的挑战。

六、合作意识在角色中的体现

合作意识是作为社团干部的重要素养，在现代社会中愈发彰显其重要性。作为社团干部，合作意识不仅仅意味着能够与他人和其他社团合作，更是一种深入人心的精神态度和工作方法。

1. 合作意识在角色中的体现是团结协作、携手共进。社团干部要以团结协作为核心价值观，携手团队成员共同面对各种挑战。团结协作不仅体现在日常工作中相互支持、共同进退，更体现在共同制定目标和规划，并通力合作实现。干部要激发团队成员的凝聚力和归属感，营造和谐的工作氛围，共同创造社团的美好未来。

2. 合作意识在角色中的体现是宽容包容、倾听他人。社团干部要保持谦虚谨慎的态度，尊重他人的意见和贡献，倾听成员的声音。干部要宽容包容不同观点和意见的存在，善于化解冲突，共同寻求最优解决方案。在合作过程中，干部要善于发现每个成员的优势和特长，充分发挥每个人的潜力，实现优势互补，达到事半功倍的效果。

3. 合作意识在角色中的体现是共享资源、优势互补。社团干部要鼓励成员之间资源共享，共同分享知识、技能和经验。干部要善于发现并发挥成员的优势，将各个成员的力量融合在一起，形成合力。通过合理规划和分配资源，实现资源优势互补，最大化地发挥资源的效用。

4. 合作意识在角色中的体现是跨界合作、拓展影响。社团干部要勇于拓展跨界合作，与其他社团、学校、社会组织等建立合作伙伴关系，拓宽社团的影响范围和资源渠道。干部要善于借鉴其他领域的成功经验，吸纳各方优势，推动社团的跨界发展。在跨界合作中，干部要具备协调沟通的能力，促进各方的理解和共识，共同为实现社团的发展目标而努力。[1]

5. 合作意识在角色中的体现是共创未来、共享成果。社团干部要与团队成员共同构想社团的未来发展蓝图，共享目标实现的成果。干部要善于激励成员为共同目标而努力，共同成就社团的辉煌。在共创未来的过程中，干部要引导团队成员充分发挥个人的才能和能力，形成集体的创造力和创新力，共同推动社团朝着共同的愿景迈进。

6. 合作意识在角色中的体现是文化建设、凝聚共识。社团干部要引领建设一支具有积极向上、务实创新的合作文化，倡导成员之间相互尊重、相互信任的氛围。干部要共同凝聚团队成员的共识，形成团结奋进的向心力和凝聚力。

在合作文化的建设中，干部要注重推崇先进的社团合作典型，树立榜样，引领全体成员向着共同目标前进。合作意识是社团干部角色中的不可或缺的

---

1 奚春锋 . 社区文化社团管理研究——以静安寺街道为例 [D]. 上海：华东师范大学，2010.

品质，只有具备了卓越的合作意识，社团干部才能真正发挥团队的力量，凝聚众人的心力，为社团的蓬勃发展贡献自己的一分力量。

第三节　大学生社团工作的评价

一、社团评价的概念及原则

评价，也称为评估，即评定价值高低。教育部 2017 年发布的《高校思想政治工作质量提升工程实施纲要》，教育部等八部门 2020 年发布的《关于加快构建高校思想政治巩固体系的意见》，中共中央、国务院 2020 年发布的《深化新时代教育评价改革总体方案》、2021 年发布的《关于新时代加强和改进思想政治工作的意见》等文件都把评价考核机制列为评估高校思政教育质量的重要指标，而高校学生社团作为开展思想政治教育的重要阵地和重要分支，其规范化发展已成为高校校园文化建设的重要任务。

当前虽有学者已对社团评价、如何进行社团评价做出说明，大意相同，但对社团评价并没有一个统一的定义。美国学者格兰朗德认为，评价（学情分析）是为了确定学生达到教学目标的程度，收集、分析和解释信息的系统过程；学情分析包括对学生的定量描述和定性描述两方面。根据格兰朗德的观点，评价（学情分析）总是包括对测量结果需求程度的价值判断。一个完整的学情分析将包括测量和非测量两种方案。我国已出版的关于社团建设的教材中也多运用格兰朗德的观点。本书在参考借鉴众多学者对评价概念的界定后，将社团评价定义为：依据特定目标和评价标准，对正在进行或是已经完成的社团活动，运用科学的评价方式进行全方位的评估考量，是在一定目标引导下的价值判断过程。

社团评价原则的论述是对评价指标体系构建和可行性操作方面的技术研

究，它直接关系到质量评价指标体系构建的成败。社团评价指标体系具有以下 4 个原则。

◎（一）方向性原则

测评大学生社团工作的优劣、名次等级并不是评估的最终目标。社团评价时，不仅要重视"评"，更要体现"估"的重要性。要通过评估，引导社团成员认识当前的工作特色、工作困境，通过评估考核结果确定未来社团发展方向和目标。

◎（二）科学性原则

坚持"公平、公正、公开"的大学生社团评价原则是高校构建成熟社团评价指标体系的必然要求。社团工作评价指标体系应客观公正、来源可靠、真实可行、逻辑严谨合理，才能够准确反应评估对象的实际情况。

◎（三）系统性原则

社团工作评价指标体系尽可能全面地反映社团工作状况，符合社团工作评价的目标内涵，应避免指标之间的重叠，评价目标与指标必须有机地联系起来组成一个层次分明的整体。我国大学生社团众多，类型多样。社团评估制度和系统的制定不是局部工作的简单相加，要充分考虑整体和局部关系、具体指标体系要素。具体来说，在构建社团评价体系时，将学校及社团的整体发展作为研究对象，分析系统的各个部分，进一步解构各部分可比性要素，进而构建全面统一、真实反应社团综合发展和日常事务的社团评价体系。

◎（四）可操作性原则

社团评价指标体系应是简易性与复杂性的统一，过于简单不能反映评价对象的内涵，对结果的精度产生影响；过于复杂则不利于评价工作的开展，在保证精度的前提下，指标体系要难易适中，有利于应用。评价工作繁琐复杂，如果不能设计科学系统的评价指标体系，会增加社团评价的难度，甚至可能无法评估，最终成为无意义的指标。因此，制定的评价指标体系一定要科学具体，简单明了，可操作性强。

二、大学生社团评价指标体系建立

系统科学的大学生社团评价指标体系是社团提升质量、有效改进活动的重要参考依据。通过多元化的综合评价体系，诊断活动出现的问题，纠正社团发展方向，激发社团成员积极性，促进社团持续性良性发展。

◎（一）社团评价对象

在进入正式评价之前，首先我们要厘清评价对象，也就是评价者和被评价者。具体来看，评价者即评价主体，可以是个人也可以是由几人组成的评价小组。为保证评价过程的公平性，我们一般设置多级或者多个评价主体，如果只有一个主体，通常在评价过程中也有监督员在场。被评价者，顾名思义就是被评价的对象，可以是社团开展的活动，也可以是社团整体。

◎（二）社团评价方式

各大高校对大学生社团的评价方式呈现多元化特征。社团活动评价根据社团活动类型可以分为兴趣活动类评价、公益活动类评价、学术活动类评价、体育竞赛类评价等，不同的社团活动评价，其评价方向虽一致，但指标有差异；社团整体评价指标体系也不尽一致，有的侧重社团活动次数、参与度、影响力，有的聚焦在创新实践、特色品牌、组织建设方面。在评价手段方面，大学生社团评价大致可分为两类：一类通过成果展示、汇报演出、个别访谈、小组座谈等方式进行多维度评价；另一类则是通过电子材料、问卷调查等方式进行量化考评。虽然我们的评价方式和评价手段不统一，但最终目的都是测量被评价者是否实现了预期目标，为持续发展和有效改进提供参考依据。

◎（三）社团评价指标体系

高校对大学生社团的评价指标体系大多采用三级指标体系。一级指标大多从组织管理、财务管理、评价影响、活动开展、工作成效等方面出发；二级指标则从每一个一级指标深度展开；三级指标在一二级指标的指导下，具体细化，突显可操作性。

在参考德尔菲法、层次分析筛选法和各大高校的大学生社团评价指标体系的基础上，作者在这里分享一个简易版大学生社团活动评价指标体系表，供参考。

【案例分享】

在高校社团评价体系模块中，针对社团活动的开展，绵阳城市学院也制定出一套可行性的评价制度。量化考核评价方式不是对活动的"一刀切"，在进行量化考核时，既要客观对待考核评分，也要肯定社团活动对学生带来的真实有益影响，保持理性，客观对待考核结果，从综合结果里看到优势与不足。对于具体开展的社团活动，因活动性质各有不同，我们也可以将社团活动简单的分为专业性社团活动和兴趣社团活动，可参考以下两种方式分别对两类活动进行考核，见表5-1、表5-2。

表5-1　兴趣社团活动打分表

社团活动打分表		
社团名称：		
活动名称：	填写时间：	
评分项目		分数
活动准备 （15分）	活动前及时通知社团管理部、实践部等相关单位（5分）	
	活动策划质量（8分）	
	活动前期场地布置（2分）	

续表

活动宣传 （25分）	在社团内宣传（3分）	
	在学院范围内宣传（4分）	
	在学校媒体或社会媒体上宣传（8分）	
	在学校媒体或社会媒体上宣传（9分）	
	宣传活动的创意得分（1分）	
活动参与度 （10分）	参与人数在社员总数的1/3或2/3（5分）	
	参与人数达到或超过社员总数（5分）	
活动过程 （10分）	活动引起场面热烈、具有氛围感（2分）	
	活动过程中无人员退场情况（1分）	
	活动场面没有出现骚乱、起哄现象（1分）	
	活动过程中互动效果（2分）	
	工作人员坚守岗位，实时负责（1分）	
	组织人员在活动过程的调整和安排（1分）	
	活动现场秩序维持情况（1分）	
	活动后现场卫生情况（1分）	
活动影响力 （20分）	在学院内产生积极影响——院内报道（4分）	
	在校内产生积极影响——校内报道（6分）	
	在社会上产生积极影响——校外报道（10分）	
资金物品 （10分）	活动中国物品使用的情况（包括印象和购买物资）（5分）	
	购买物品与清单一致（3分）	
	活动后剩余物品处理情况（2分）	
外联活动（10分）	自行联系校外机构解决活动经费问题（10分）	

注：总分100分 （≤60分不合格，60～70分合格，70～85良好，≥85分优秀）

得分：	初评负责人：
得分：	审核负责人：

表 5-2　专业社团活动打分表

专业社团活动打分表				
社团名称				总分
活动时间、地点				
应到人数				
实到人数				
活动性质	专业活动	竞赛	4	
		教学	3	
		技能展示	2	
活动性质	专业活动	竞赛集中备赛	0.5	
	非专业活动	见面会、讨论会	1	
活动对象	社外	2		
	校外	1		
	社内	0		
集体活动参与人数	≧90%	4		
	89%～80%	3		
	79%～70%	2		
	69%～60%	1		
	≤60%	0.5		
其他	指导教师到场	2		
	清洁卫生良好	1		
	授课人佩戴工作牌	0.5		
	活动完场地维护	0.5		
社长签字		教师签字	打分人员	

第四节 如何高效加入大学生社团

如何高效加入大学生社团，首先应该弄清楚影响大学生参与社团的影响因素。吕迎春通过对浙江 F 大学参与校级社团的 2828 名会员进行档案分析，发现不同经济状况的大学生在社团参与比例、性别、年级、专业、任职、类型和参与程度方面都存在显著差异。[1] 李荣婧认为大学生参与社团应遵守兴趣发展的规律，情境兴趣发生、情境兴趣维持、个体兴趣发生、个体兴趣发展这 4 大兴趣因素对大学生有着不同的影响。不同阶段的兴趣因素分别对大学生参与社团起着吸引、维持、加深、坚定的作用，其中，个体兴趣完善阶段是参与社团的最高阶段，该阶段可以有效促进大学生自身价值的实现。[2] 章棋基认为大学生对学生社团的认知和自身的归属需求是其参与社团的主要动因，而尊重需求和自我实现需求的作用较弱。[3] 姚依倩采用正交设计与联合分析相结合的分析方法，模拟出各种社团类型，再通过问卷调查揭示出影响大学新生社团选择偏好的关键因素，与社团活动的举办频率、社团福利的发放频率、社长对社团的负责程度、活动内容的创新性与启发性等这些仅仅代表社团建设水平要素的因素相比，参与者自身兴趣仍然是最重要的影响因素。[4]

一、如何选择大学生社团

◎（一）了解社团背景、分类、规模等情况

先了解想加入的多个社团的发展和具体工作开展情况，可以主动向学长交流；或者查找公众号，咨询辅导员、教师或者社团指导教师；或者直接在社团招新的时候向社团的社长干部、骨干同学进行咨询，建议从多个维度打

---

1 吕迎春 . 贫困大学生社团参与现状调查 [J]. 教育科学，2009（4）：54-59.

2 李荣婧 . 大学生社团参与兴趣心理分析 [J]. 文教资料，2010（9）：214-216.

3 章棋 . 高等院校大学生社团参与动因的理论分析 [J]. 开封教育学院学报，2016（1）：176-177.

4 姚依倩 . 基于联合分析的大学新生社团选择偏好的影响因素实证研究 [J]. 教育观察，2020，09（26）：58-61.

听，综合各方意见再进行抉择。

询问的过程中，我们可以重点询问以下内容。

1. 社团的类型。如社团是否是学术型、竞赛型、娱乐型、艺体型、思政型等，此外，还可以询问社团活动内容，如理论研究型社团是以理论探讨、技术交流、宣传科研为主要内容和目的的社团等。

2. 社团的规模、人员数量、发展时限。参考我国企业规模划分办法，对大学生社团进行规模划分，可分为微型社团、小型社团、中型社团、大型社团。微型社团是指成员少于 10 人，影响力较弱的社团；小型社团是指成员大于 10 人且不多于 50 人，影响力一般的社团；中型社团是指成员超过 50 人且不多于 100 人，有一定影响力的社团；大型社团是指成员超过 100 人，具有一定的文化传承影响力的优秀社团。

3. 社团发展的年限。如询问社团成立的时间，对比学校成立的时间，一般来讲与学校并存且发展平稳的社团人员动态不大，社员舒适度较高；突然衰减或突然暴增人数的社团一般都有特定因素出现，如潮流兴起、某个人物等因素，该类型的社团需要慎重考虑；如果是平稳增长，并且呈现平稳上升社团，说明该类型社团，正处于发展上升期，也可以考虑加入。

4. 社团内部管理。如社团是否有自己的制度或者公约和优秀的社团文化。一般来讲规范的社团都需要有日常的考核和奖惩制度，便于管理干部同学掌握团队，从而更好地落实协会目标，制度中也会有进入社团的门槛要求、退出机制，参与者可以根据自己的情况进行参考。我们还可以看核心社长、会长及干部同学情况，主动与他们进行交流。优秀的社团以自身的社团文化为主，即便内部有些许意见分歧，但在社团大文化背景下，也能进行调和进步，内部人员较为和谐，团队执行力强。

5. 社团的成果。社团成果包括影音资料、活动策划方案、作品展示、文化氛围等，通过事实依据来看到社团活动的质量和品质，好的成果资料展示胜过千万文字，通过这些资料痕迹，我们也可以更直观地感受到该社团的特色文化属性、活动的质量和品质、合作对象的能级实力、社团内部的管理能力，以及社团发展路径和计划方案，这都是我们选择社团的重要依据和参考。

总之，从外部因素来看，我们选择社团时，可以优先选择规模大、存在历史悠久、活动品质高的社团，这样的社团能够最大限度地保证我们的时间不被浪费，且能获得优秀的朋友圈和锻炼自己的能力。最直观的也可以根据社团资料和社长的人格魅力看到社团的发展现状。当然，不是所有人都喜欢人多、要求高的社团，我们也可以选择小圈层、新出现的、小众的个性化社团，比如西语社这类较为小众的优质社团。

◎（二）从"我"出发，客观评价自我

在掌握社团的部分基本背景信息后，我们可以根据自己的情况选择适合自己的社团。

多处文献表明，兴趣爱好是学生选择社团的首要因素，选择占比超过50%。因此选择社团需要先正确认识自己：自己的性格是什么样的？喜欢什么东西？偏好和特长又是什么？大部分同学都明确知道自己的喜好，或者是可以通过简单的罗列法、举例法、讨论法、排除法选择出自己喜欢的社团。

如果对于自己的兴趣爱好不明确，或者不清晰、较为纠结时，可以通过"霍兰德职业兴趣测试"来检验和分析自己的情况，也可以使用"爱德华人格偏好"测验，甚至还可以选择现在多用于心理和职业选择测试的 MBTI 职业性格测试、24 种人格优势（VIA）等，通过职业测试、人格测试，借助科学的心理测试或者人格测试，辅助自己进行自我认知，从而做出正确的兴趣爱好选择。

当然，如果认为以上两种方法都不适合自己，也可以选择向朋友、教师、父母等可信赖的人进行求助和讨论，尤其是对自身较为了解或者有阅历的师长，他们可以根据对社会环境的感知、个人阅历、知识水平以及对主体人的了解和认识程度，结合多方面信息，整合给出一个更具有针对性的建议和指导，借助于他们的视角，侧面地给自己提供一个相对客观的参考。

◎（三）清楚社团与"我"的客观关系

基于以上社团和"我"个人信息后，在选择社团上还应该注意两者之间的关系。

进入大学后，大学生可自由支配的时间变多，课余生活也变得丰富多彩，社团的活动也非常吸引人，但作为大学生应该明白，社团不属于专业课程，它是丰富学生校园生活的一种方式，是由兴趣爱好或者特长等为主形成的自发性学生活动组织，学生来到学校应该保持以学业为主的观念，尤其是对应的专业课，我们需要端正学习态度，正确面对学习。因此当学习与社团起冲突时，要明确学习与社团的轻重地位，把学习放在自己的首位，切不可本末倒置，调换首尾。

除了要明确"社团"和"学习"外，我们还要注意的是"社团"与"时间安排"，选择社团时，要明确自己所处的阶段，做好时间的调配。大部分社团都会有聚集性活动甚至外联活动，这些活动从筹备到执行都需要花费大量的时间和精力，因此，在社团选择上，要明白自己的时间是否充裕，是否可以做出调整或者挤压出时间参与。

另外，有些社团，需要牺牲个人放假时间，比如暑期社会实践、志愿者志愿活动等，在选择社团时，该类型社团对技术要求较低，但对时间要求较高，要结合自己的时间安排来进行选择。

◎（四）端正自己的参与态度，纯正加入动机

在选择社团时，除上述选择方式外，还要对自己有所要求，端正自己参与的态度和思想。在选择社团时，应该抱有尊重、平等的态度，尊敬社团干部同学，积极配合社团工作和活动，具备奉献精神，并且加入后要服从社团制度体系管理。有的社团社会资源较多因此福利奖励较多，但每个成员的奖励分配方式不同，不可盲目攀比，或者心有不满进行谩骂、诽谤。不能秉持猎奇、

一时兴起、冲动等不负责任的心态去加入社团，也不能抱着动机不纯的"商人"心态。

特别要注意的是，部分社团可能具有民族或地方文化属性，如彝族、回族或地方老乡会等，在加入该类型社团时，需要提前了解该类型社团文化特色，慎重选择，加入后要学会尊重他人地方、文化习俗，避免与其个人习俗、地方风俗等方面发起冲突。如果产生分歧，可以及时联系指导教师或者社长、干部同学进行退团。切忌在公开场合辱骂、批评、评判，甚至煽动群体同学进行言语攻击和嘲讽。

⚙ 二、选择社团的具体操作步骤

在做好社团背景情况了解以及自我客观评价之后，具体选择社团的时候应如何操作呢？

◎（一）社团"摆摊"，找准时间位置

社团招新被称为"社团纳新"，其时间多数是每年9月中下旬，或者大一新生入校一周到两周内。纳新时间会根据新生军训时间进行调整，有的也会安排在军训期间。大部分社团在军训结束之后一周就已经完成了纳新的大部分工作。"社团纳新"信息发布渠道包括：辅导员信息发布、学生会信息发布、协会负责部门海报张贴和校/院/社区团委微信、微博、抖音平台等。"社团纳新"期间，各个大学生社团都会统一时间进行集中宣传，由于社团数量较多，招新的地点多选择为宽敞的操场、空旷的广场或者主要的道路沿线，由校级社团管理部组织各社团搭建招新摊位点，根据统一划分、规范布局的原则，安排各社团进行统一招新。因此，想要进入社团，需要特别关注相关部门和平台发布的信息，以便及时地获取自己心仪的社团信息。

◎（二）找到社团，主动了解

"社团纳新"是社团组织的一项重要活动，大部分社团都会使出浑身解

数来吸引新生。如果在招新展会上遇见了自己想要加入的社团，要主动打招呼，并了解社团发展信息，这样既可以留下好的印象，也可以帮助自己确定该社团是否是自己想要加入的社团。了解的具体内容可以从以下几个方面入手。

1. 兴趣为先行考虑的重点，个人特长是重要的加分项。根据自己的兴趣爱好或者擅长的方向，大部分同学都可以找到自己喜欢或者适合的社团。

2. 个人规划是可参考的方向，明确进入社团目标。在大学，每位同学对于自己的规划和期望是不同的，如有的同学希望通过社团让自己的管理、组织能力得到提升，有的同学希望通过社团让自己提升自信等。这些都是以个人职业、学业规划为前提而进行的目的性选择，可以作为大学生是否加入社团的重要参考。

3. 情感需求，社交扩圈也是重要的判断依据。有的同学期待在参加社团时，去认识更多优秀的朋友，或者认识更多同圈层、同爱好的志同道合的知音。在现代学院中，单纯以情感需求为重点加入社团的情况也愈发常见。

◎（三）提交申请，准备面试

一般来讲，社团会提供一张加入社团的申请表，大学生也可以自己到官方网站上自行下载。在拿到这张表格后，大学生需要如实填写个人信息，同时还要重点填写自己的兴趣爱好及特长，还可以明确表达自己想要进入社团的积极态度。

新时代，大学生社团招新变得越来越正式，为了避免社团"人情味过重"，以及保证社团高质量发展，社团开始设置不同的面试环节，以便解决社团选人抉择的困境，也可以帮助精品社团保持自己社团成员的质量，降低流失率从而完成社员遴选。

有些大学生选择参加多个社团，此时就要注意社团招新的时间。若是所选的社团都在同一时间段进行面试，可以主动与双边协商时间，或者只选择一个，并且要向其他的社团说明为什么没有到场，避免留下不良印象。

◎（四）放好心态，等待结果

社团一般会在纳新大会后的2～3天内发出结果通知，个别社团对于招聘的新人有一定的门槛要求，可能需要进行单独面试，所以时间会稍长。在等待期间，不用过于紧张，保持好自己的心态，不要过于焦虑。

也有同时投递多个社团都面试成功的情况，那么需要根据自身的情况进行抉择，是否都要参与，或者选择哪个进行参与。决定好后要及时与社团沟通，以免影响社团招新安排。

◎（五）认真对待，准备见面

社团一般会在纳新结果出来后组织一次见面会，见面会的内容大致包括自我介绍、社团了解、工作整体安排，近期工作要点。见面会上，大家需要展示自己的精神面貌，多交流，多沟通，让更多的社员同学彼此认识彼此。见面会后，每位社员都会被分配到相应的组织部门，开展后续的活动和工作。

期间如果有社员想退出，应根据社团退出机制管理办法进行退社程序办理。

三、社团面试的常见问题及过关技巧

对于有面试环节的社团来说，面试是选拔人才的重要手段，因此，社团每位成员都必须重视，一批高质量的成员可以为社团的成长和发展带来质的飞跃，因此，面试环节不可轻视。

◎（一）面试环节和注意事项

面试一般有面试前、面试中、面试后3个部分。

面试前指前期的准备工作。社团在收到申请表后会进行整理和筛选，筛选结果由社团内部组织进行通知。通知内容一般包含人员信息核对、确认是否参与面试、面试的时间与地点、携带物品（通常可能是简历、作品等）、着装要求等。社团需要提前对面试者的申请表进行标注和划分，对面试者的情况要做到心中有数。面试通知要携带简历或作品的，面试者应提前根据要求准备好。

面试时，面试者应提前 15 分钟到达面试地点。面试当天应注意着装，尽量以正装参与面试，不穿不合身的服饰和过于暴露的服饰。外貌外观上，做到整洁干净、大方得体。如果有服饰要求的，如汉服社团，应该按照要求着装。等待面试时根据工作人员指引在等待区静候，不要大声喧哗、奔走跑跳。

面试官宣布面试结束之后，面试者应该对面试官表示感谢，不要急于打听面试结果，耐心等待。

◎（二）面试常见问题

大学生社团面试时常见的问题如下。

1. 您好！请做一下自我介绍。

问题解析：面试时，面试者都需要做自我介绍，以及回答"为什么想要加入该社团"等常规问题。面试者说完基本情况后，可以介绍自己的兴趣爱好或者特长优点。这一部分问题不难，重点在于考察面试者的语言组织能力。

2. 你有什么优点或特长，你刚刚说的优点或者特长可以具体讲一下吗？

问题解析：这个问题一般是据上一个问题的延展，面试官希望了解拟进新社员的专长和技能。因此，面试者应全面、详细、有重点地将自身的技能、专长等核心竞争优势介绍清楚。

3. 你以前担任过什么职位？

问题解析：该问题用于对新社员进行能力划分，查看面试者是否有干部经历、能否作为干部培养对象。面试者可以结合初高中在班级担任的职位来进行回答。

4. 你曾经组织过什么活动吗？

问题解析：本问题表面上是询问面试者是否组织过活动，实质上含有隐藏问题"具体展开来说说"。面试者在回答该问题时，不仅要回答是与不是，更重要的是要回答活动组织的起因、经过、结果。面试者只需要把整个经过说清楚就好。重点是故事的完整性，以及细节。

5. 你对我们社团了解吗？

问题解析：该问题为态度测试问题，面试者在面试之前应该对社团做功课，清楚社团的基本信息，如果没有提前准备，需如实回答，切不可撒谎乱说。

6. 你对自己未来有什么规划吗？

问题解析：该问题为职业、学业规划问题，社团需要考虑未来和人员流动问题，如实回答自己的规划即可。

7. 假如现在有两个社团同时录用你，而你只能选择一个，你会怎么选择？

问题解析：该问题仍为态度测试问题，社团招新希望人员留下，但也要选择留下意愿度。如果面试者留在该社团的意愿较强，可以直接给予肯定回复；如果意愿度一般则给一个较为模糊的答案。

◎（三）面试过关技巧

1. 面试整体表现要镇定。

在面试过程中，由于面试经验过少，很多面试者都会产生紧张情绪。因此，面试前，面试者有必要写好面试稿，然后背诵，最后与同学一起进行模拟，一定要多加练习方可熟能生巧，面试时才更加自信、镇定，也容易给面试官留下处世稳重的印象。

2. 回答问题要"能听懂"会"解题"。

无论面试官如何出题，面试的目的都是选拔社团需要的人才，因此，在面试时，面试者除了展示自己的优点和特长外，更要听懂面试官问题的重点，多想一下他问这个问题的目的是什么，然后有针对性地回答，让自己成为合适的人选。

3. 真诚永远是"必杀技"。

无论是加入大学生社团还是参加其他组织，积极的人生态度可以让面试者更具有吸引力。一个人能力再出众，但态度恶劣，无法团队协作，也无法与社团共成长，因此，在面试时，面试者应该拿自己的热情和积极向上的态度来面对。在选择成员时，真诚的态度是面试官最重视的要素之一。

四、如何平衡学业和社团活动

大部分大学生在进入社团后，伴随社团工作以及学业和工作任务加重，会进入一个"烦躁期"，渐渐发现活动、工作越来越多，学习的时间却越来越少，在大一新生中，这类问题普遍存在。想要解决学业和社团活动平衡问题，学生需要做到以下几点。

◎（一）选择合适的、适量的社团

参加社团活动是大学生获取知识的一种方法，它通过学生自我管理、自我学习、自我服务，结合经验和实践、口述与传授的方式去获得别人的知识和经验。因此，大学生参加社团活动是非常有必要的。但人的精力和时间是有限的，作为大学生来说，学习仍然是这个阶段的重要事项，不要因为参与社团过多而去压缩专业学习的时间。在选择时，正常情况下 1 个人参加 1～2 个社团是较为合理的；如果精力较为旺盛，意愿度和工作效率较高的同学可以参加 2～3 个社团，但如果作为社团核心干部，需要进行日常管理和活动策划执行，或者伴随高年级的学业、前途有新方向，建议 1 人只参与 1 个社团或者可以选择退团。尤其是针对学业较为繁重的同学，不宜选择过多的社团。建议应该选择一些精品社团，少而精地参加，注意平衡社团活动和日常生活。大学生应参加自己真正感兴趣的对提升自身素质有帮助的社团，这样才能有所收获。

◎（二）把学习放在第一位

大学生参加社团就是把学业看做第一位的同时提升个人综合实践能力。从学生工作到参加社团，大学生需要从多个方面提升素质，锻炼能力。大学生把自己在社团工作中提升的能力用到学业中，再把学业中的收获放到社团工作中进行实践。这样大学生参加社团活动不但不会影响学业，还会促进其学业水平的提升。所以当社团活动和学习发生冲突的时候，大学生可以与社团商量，优先完成学业后再进行课余社团活动。

◎（三）制订合理的学习计划，提高学习效率

社团活动大部分在课余时间，但仍会占用一部分学习时间。大学生选择参加社团，想要学业、社团活动两不误，就需要掌握科学方法，合理进行时间规划。从提高学习效率来讲，大学生可以通过如"包不离身、书不离包"的方式，利用好碎片化时间来进行学习；另外，学习时要学会建立自己的"安静圈"，把手机调制成静音状态，或者设置一个闹钟，让自己可以在这个时间段高效学习。如果在复习周学业压力较大的情况下，可以通过"番茄工作法则"等科学的管理方法提高自己的学习工作效率。

◎（四）做事先规划，分轻重缓急

实际中，大学生遇到的最痛苦的便是既有社团活动，又需要学习的两难情况。面对这种情况时，大学生应该用"时间四象限法则"，分清楚事情的轻重缓急，划分出哪些是必须亲自去，哪些是可以找人代劳，哪些可以请假，哪些又不可以请假，然后根据分类进行合理安排。

五、社团活动经验分享

【案例分享】

案例一

（一）活动名称："一封手写信"活动策划

（二）主办社团：翰墨书法社

（三）活动简介

岁末新年，人世匆匆，慢慢告别。过去的时光里，幸喜与伤悲同在，人间走马，岁月如歌，时间总能陶冶出别样的情绪和心境。来路的途中，父母亲的关爱、朋友的支持、师者的教诲……对于他们或是对过去的你、未来的你，那些欲说未说的话沉淀在心里，在一年的新末交接之际，书法社特举办"一封手写信"活动，为你心中所想的人或事落笔抒情。

（四）活动目的及意义

为促进学院学风的建设，丰富学生课余生活，激发对于书写的热情，唤醒书写情怀，提高学生语言表达能力，传递文学书写精神，展现大学生风采和与时俱进、锐意进取的良好精神风貌，特举办"一封手写信"感恩节活动，让同学们在纸短情长之间表露最真挚的情感。

通过此次活动希望能加强学生的写作及语言表达能力，同时写信过程也是对自我情感的一种表达，能帮助学生树立良好健康的精神状态，塑造有思想、有个性、全方位的思想特质。活动能拉近学生之间的关系，从而营造和谐的校园风气。

（五）经验分享

此次活动是以书法协会为主体的一次校园文化活动，希望通过手写信的形式，在继承和弘扬了汉字美的同时，表达人和人之间的美好情愫，巧妙地将书法和情感结合起来，在现在"电脑打字"现象泛滥的今天，一份手写信变得格外珍贵，因此活动获得了同学们的喜爱和追捧。

在举办类似竞赛活动过程中，要尤其注意文字的原创性和内容的品质性，投稿内容绝对不能出现低俗、违反社会主义核心价值观且对他人存在人身攻击等的言语。在发布活动时，需要明确活动的文体、呈现形式、评定标准、评奖方式等，做到公平性和评价的统一性、严谨性。尤其是评定出的稿件，如果在评选上有分歧，可以通过社团内部投票，也可以通过指导教师或者专业教师意见进行评定。

案例二

（一）活动名称：素质拓展活动策划

（二）主办社团：心理协会

（三）活动简介

一场突如其来的疫情，打破了原本应该充满祥和欢乐的节日氛围，那些不断跳动的数字，那些不断闪现的镜头，那些不断更新的消息，这场疫情每时每刻的变化都在牵动着亿万国人的内心。疫情的来临，不仅威胁着公众身体健康，也影响着公众心理健康，特别是在校隔离期间学生的心理健康。在没有任何心理准备下，这种与外人隔绝的居家生活，确实会给大学生带来紧张、恐慌的心理。

（四）活动目的及意义

为了避免对于疫情的关注加之生活空间的缩小使得大学生在认知、情绪、行为、人际交往和躯体方面产生不良反应；为了培养大学生的人际交往能力，增进同学之间互相了解，融洽师生关系，提高班级凝聚力，增强大学生自信心和进取心；为了进一步让学生学会关爱他人，关心集体和弱势群体，心理协会现组织素质拓展活动，希望能通过活动提高大学生健康卫生知识，促进大学生心理健康发展，提升大学生身体素质和团队意识。

（五）活动主题：趣味素质拓展，增强心理素质

（六）活动流程

认识新朋友→你画我猜→一圈到底→五人六足→夹传气球→捉蜻蜓。

（七）经验分享

此次活动是以素拓活动为载体的一次校园心理健康活动，旨在通过团队活动打开大学生的心理大门，通过系列小游戏的连环开展，让大学生认识更多的新朋友，彼此破冰；借助团队的力量，消灭疫情防控时期可能遗留的情绪包袱，帮助学生掌握情绪宣泄的办法，纾解压力，提升认知和心理能量。

该类型活动主要是在特定时间和特定目的下进行，除了游戏本身的娱乐性外，需要注重游戏的含义设置；社团选择游戏项目时，要考虑个人和团队的关系；在活动开始前需要进行详细且周密的实验，考虑好时间和整个运动过程的执行情况，尽量选择安全性高、有趣的游戏类型，还要丰富类别，运动类、益智类都要有所涉及，丰富的种类更能帮助学生提升参与感。

案例三

（一）活动名称：第三节校园趣味轮滑赛

（二）主办社团：花样年华轮滑社

（三）活动简介

轮滑是集减肥、娱乐、时尚、动感为一体的运动，包含技术、难

度、观赏性等综合要素。目前，轮滑运动已成为一项风靡全国各大高校和地区的健身运动，很多大学生把这项运动看成是青春和活力的象征，可充分展示当代大学生的风采。

（四）活动目的及意义

对轮滑新鲜血液进行技术验收，了解新生在轮滑社团里的学习情况与成果，选出精英分子，增强校内的轮滑交流，进一步提高本校乃至全绵阳的轮滑氛围。

呈现轮滑魅力，给新社员们一个展示自我的平台，丰富课外文化生活，促进学生全面发展。通过轮滑活动，呈现大学生积极向上的青春活力，提高大学生身体素养，增进各轮滑爱好者之间的友情和对轮滑的兴趣。

（五）活动主题：滑出精彩，启动自由，展现魅力

（六）经验分享

类似轮滑等体育健身类社团活动，需要遵守既定的规则，但多数新成员可能不清楚，因此比赛前，社团要仔细耐心地讲解赛制，以免产生既定赛制上的误会。体育健身类社团尤其需要注意安全问题，在赛前要检查场地，通知参赛者检查好自己的设备和工具。在赛事进行时，要密切注意场地动态情况。赛事结束后，要密切注意参赛队员的状态，尤其是在赛事中受伤的同学，一定要让工作人员陪同就医，及时查看伤情。如果在赛事过程中有较严重的意外发生，则需要立刻拨打120，同时通知指导教师和辅导员协助处理后续工作。

建议该类型社团社员主动参与意外险购买或者医保购买以防万一，同时社团需要准备好安全责任书，明确安全责任，减少不必要的麻烦。

六、总结

大学生参与社团活动，将有机会与其他志同道合的人一起合作、学习和成长，可以获得一些宝贵的经验和技能，因此，我们要更加珍惜在社团的学习机会，同时也要明白社团可以让我们学到以下几种经验能力。

◎（一）社交技能

社团活动是一个与不同人交流和合作的绝佳机会，有助于培养大学生的沟通、合作和团队工作技能。大学生应学会在团队中发挥自己的优势，同时也要学会倾听和尊重他人的意见。

◎（二）领导能力

参与社团活动能让大学生有机会在组织中扮演不同的角色，发展自己的领导技能。大学生可以尝试担任干事、团队领导或指导者的角色，并学习如何组织活动、管理资源和激发团队的潜力。这些经验将对大学生未来的领导职能和责任产生积极影响。

◎（三）时间管理能力

社团活动通常需要成员花费一定的时间和精力。同时参与多个活动时，社员需要学会如何合理安排时间，以免耽误学业或其他重要事务。通过社团活动，大学生可以提高自己的时间管理技能，学会制订计划、设定优先级，并有效地管理时间。学会时间管理将会使大学生终生受益。

◎（四）团队合作能力

社团活动通常需要团队合作来达成目标。团队成员将学会如何与他人协作、分工合作以及面对挑战时如何解决问题。通过与他人合作，大学生可以发现自己在团队中的作用和价值，学会倾听他人的观点并互相支持。

◎（六）积累专业知识

参与特定领域的社团活动，如学术、科技、艺术等，可以让大学生深入了解该领域的知识和技能。大学生可以通过参与讲座、工作坊和相关项目来扩展自己的专业知识，并与志同道合的人共同学习和成长。

◎（七）丰富个人经历

参与社团活动可以为大学生的个人经历增添色彩。无论是参加一次文化活动、社区服务还是组织一场慈善活动，都可以展示大学生的兴趣、才能和参与度。这些经历将丰富大学生的简历，让自己在日后的学术或职业生涯中脱颖而出。

第六章

大学生自我管理与特色社团

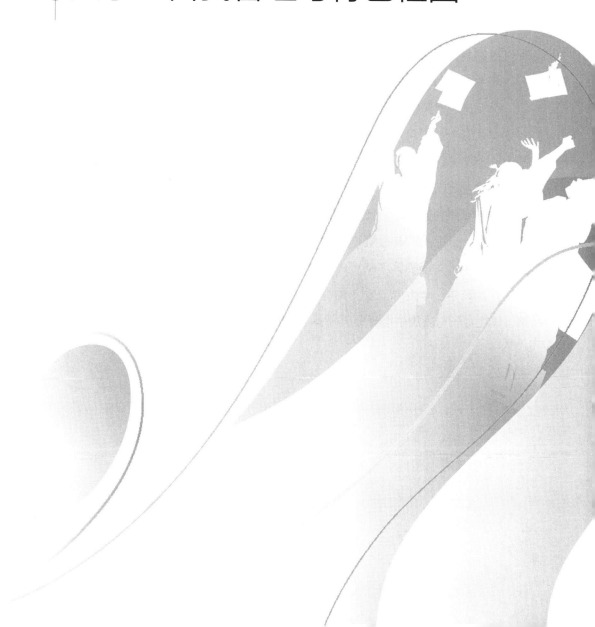

　　大学生社团作为高校"第二课堂"，坚持以习近平新时代中国特色社会主义思想为指导，坚持思想性和知识性、艺术性与多样性四者相统一的原则。高校依托社团活动，积极满足青年学生专业学习与身心锻炼、学术探索与社会实践的个性化需求，为大学生实现"自我教育、自我管理、自我服务、自我发展"提供支点。

　　大学生社团文化是大学文化在学生层面的体现，依托学校特色专业构建特色社团文化，能有效实现引导功能、选择功能、辐射功能与心理培育功能，通过打造社团文化的品牌，强化与学校办学特色的一致性，最终实现特色专业建设的延伸、学生专业素养的提升、区域文化发展的拓展、学生成长与发展的心理凝聚愿景。

第一节　大学生特色社团

特色包含有独特、出色、个性化等含义，指事物所具有的独特、美好形态或内在品质，表现出与其他同类事物不同的、特殊的、独具风格的自我优良之处。大学生特色社团是高校学生社团的重要分支，与非特色社团相比，社团专业背景特色明显，创业优势性强，在高校校园文化建设中具有重要意义。大学生特色社团也因其独特性，越来越受到高校及社会的关注。在大学生特色社团的发展中，要建立完善管理制度，建设专业指导教师、学生精英队伍，创新组织发展模式，研讨开发精品活动，挖掘整合各种资源，展示特色社团风采。

许多高校根据自身特色积极探索人才发展模式，从学校特色社团着手推进学校文化育人模式。从整体来看，大学生特色社团是涵盖学校办学理念，依托德育、智育、体育、美育、劳育等方面而推出的具有创新性的实践服务平台。大学生特色社团具有以下特征。

一、具有明显的专业特色

大学生社团一般由校级、院级两级社团构成，院级学生社团又分为特色社团和一般社团。特色社团具有明显的专业特色，需要一定的专业知识基础，因此无法向全校范围纳新。特色社团不限于专业社团，也可以是兴趣社团，如因高校大学生的个性化、特色化需求而涌现出的说唱社、汉服社、天文社等兴趣社团。特色社团具有更强的专业性和目的性，社团的成立往往围绕大学生的专业需求，以专业学科为依托，以特色活动为载体。如以传播与专业相关的知识信息，结合有关课题、社会现实问题进行研讨、交流并深入社会实际进行实践探索为主要目标的学术活动型大学生组织，具有鲜明的与专业结合的学术研究特色。专业型特色社团将专业教学和社团建设结合起来，使社团服务于实践教学，又使实践教学反过来促进社团的发展，使教学改革和大学生素质教育方面都得到提升，既彰显实践教学的特色，又彰显学生管理方面的特色。

二、实践性强

大学生特色社团具有较强的实践性，尤其是学术类、科技类、艺术类的社团都为其成员提供了广阔的实践舞台。大学生在活动中增长了知识，锻炼了能力。一些研究也证实了特色社团开展的活动，更加着眼于满足社会的需求，实用性更强。特色社团在校企联合举办的活动数量较多，合作形式多样，领域广泛。特色社团是知识、兴趣和技能转化的新舞台。组织参加各种大赛是学校实践教学不可忽视的环节，是特色社团活动的重要载体，它不仅是对学生创新能力和实践技能的检验，也是对学校实践教学工作的检验，将有力地推动实践教学体系的改革，对于创建全国示范性院校、打造学校在人才培养和实践教学方面的优势，都有积极意义。

三、指导教师多是专业教师

大学生特色社团以一定的"专业"为基础，因此决定了专业指导教师必须是专业教师。如大学生专业特色社团具有专业性强、易于社会实践的特点，借助专业社团来开展大学生创新创业教育可以为高校开展创新创业教育提供新的天地。以专业社团为路径开展好大学生创新创业教育，就必须坚持走出去开展校企合作，强化以社会实践项目为导向，建立专业教师指导团队等工作思路，才能彰显其专业优势，实现促进专业实践与社会实践的结合，进而推动创新创业课堂向外延展和高校教学与科研工作的发展，也有利于高校创新型和复合型人才的培养。大学生特色社团应由有相关专业背景的专职辅导员进行社团的事务性辅导和思想政治教育，同时设专业教师对社团的具体活动进行指导，提供专业知识方面的支持。

四、社团成员少而精

大学生特色社团不像一些普及性的学生社团那样人数较多，它的规模少到几个人，大到十几个人，但不少人都是精英。特色社团作为课堂教学的补充，依据学生兴趣和能力而构建，社团从成立到运行及日常活动的开展都是在指导教师的带领下，由社长及成员内部自我组织开展活动，这种自主性极大地发挥了大学生自我教育、自我管理、自我发展的特性。特色社团为学生开展创新性活动提供了重要平台。

大学生特色社团要培育的不仅是大学生在社团管理及运营过程中的主体能力，更多的是培育大学生对于本专业的扩展性研究及实际操作的主体创新性意识。

【案例分享】

关于绵阳城市学院社团指导教师管理办法

学生社团作为校园文化建设的重要载体和大学生素质教育的重要阵地，是学校教育事业的重要内容。为加强学校学生社团工作，规范管理，加强指导力量，推动学生社团健康、有序地发展，充分发挥学生社团在校园文化建设中的作用，根据《绵阳城市学院学生社团管理条例》及学校相关文件精神，特制定本办法。

第一章 总 则

第一条 本办法所称的学生社团是按《学生社团管理条例》成立的学生组织。

第二条 学生社团指导教师是指导学生社团开展各类活动、保证学生社团健康发展的教师，负责对学生社团进行思想教育、业务培训、组织建设的工作指导。指导教师工作是学生社团正规化建设的必备条件，是对全校学生开展素质教育的一个重要手段。

第二章　社团指导教师聘任

第三条　社团指导教师的聘任条件：

1. 忠诚党的教育事业，具有高度的责任心和奉献精神，品德高尚，关心学生成长；

2. 具有一定的学生工作经验，热爱学生社团工作；

3. 具有丰富的专业知识，尤其在社团发展所需专业领域内有一定造诣；

4. 愿意接受社团管理部门的监督管理；

5. 具有适应工作的健康体魄。

第四条　社团指导教师原则上从本院教师中选聘，其他情况以申请书的形式上交至校学生会社团管理部、教务处、人事处。

第五条　每个社团原则上配备一名指导教师。如社团会员较多或因其他特殊需要，可设两名指导教师。

第六条　社团指导教师选聘按照双向选择的原则，即社团聘教师，教师选社团，经双方达成一致后，经校学生会社团管理部审批，由学校统一聘用并颁发聘书。社团指导教师聘期为1年，《社团指导老师聘任审批表》应在校学生会社团管理部备案。社团指导教师的选聘工作原则上随社团年度注册工作一并完成。

第七条　社团指导教师如有变更，需要按照本章要求重新聘任。

第三章 社团指导教师工作职责

第八条 社团指导教师负责学生社团的思想政治工作，要把思想政治工作融于各种活动中，教育引导学生坚持四项基本原则，树立正确的世界观、人生观和价值观。

第九条 社团指导教师应积极参与学生社团的建设和管理，协助学生社团规划社团发展，并对学生社团负责人的更换提出建议。

第十条 社团指导教师有指导学生课外活动的职责，要积极参与、指导学生社团活动，保证社团活动的质量和活动效果，保证社团健康发展。

第十一条 社团指导教师指导学生课外活动时，有义务对学生人身安全负责。

第十二条 社团指导教师应定期开展社团培训指导工作，每学期指导次数不少于10次，每次不少于90分钟（45分钟1个课时），每学期组织学生社团开展符合其特点、促进学生社团发展、丰富校园文化生活的各类社团活动1次以上。

第十三条 社团指导教师应在每学期初向社团管理部门（学生会社团管理部）提交《社团培训指导计划》，经审核批准后，方可开展工作；在每学期末向社团管理部门（学生会社团管理部）提交本学期社团培训指导工作总结。

第四章 社团指导教师工作考核和奖惩

第十四条 社团指导教师由校学生会社团管理部负责考核。社团指导教师工作量由社团管理部门（学生会社团管理部）根据《社团培训指导计划》《社团指导教师日常工作登记表》和《社团指导教师学期考核登记表》进行审核统计，由社团指导教师确认后上报校学生会社团管理部。

第十五条　社团指导教师在培训指导活动开展前三天应填写《社团指导教师日常工作登记表》，交校学生会社团管理部备案。未申报的培训指导活动视为未进行，不计入社团教师工作量。如因社团工作需要增加培训指导工作量的，以书面形式申报，校学生会社团管理部批准后方可组织开展。

第十六条　社团指导教师工作量以课时为单位，具体标准按校学生会社团管理部及学校要求来定。指导津贴由校学生会社团管理部统计汇总后报各专业系，经教务处审核后与岗位绩效津贴一起发放。

第十七条　学校每年进行一次"优秀社团指导教师"评选，对工作出色、成绩显著社团指导教师进行表彰和颁发证书并报组织人事处备案。

第十八条　有以下情形之一的，校学生会社团管理部有权解聘社团指导教师：

1. 社团指导教师没有履行本办法第三章规定的工作职责；

2. 学生社团对指导教师不满意，且理由正当、事实无误；

3. 社团指导教师不能胜任或不适合作社团指导工作。

如原社团指导教师经学校批准被解聘的，社团可以按照本办法第二章重新聘请指导老师。

第五章　附则

第十九条　本办法解释权归绵阳城市学院学生会社团管理部。

第二十条　本办法自公布之日起实施。

第二节 大学生自我管理在特色社团中的运用

一、大学生自我管理在特色社团中的作用

◎（一）大学生特色社团成为学生管理工作中思想政治教育的重要阵地

大学生特色社团拓展了学生管理工作思想政治教育的覆盖面。随着社会发展和高校社会化的进程加快，高校中原有的班级和年级界限被逐渐淡化，不同层次的学生依据相同的兴趣和爱好融合在一起，这就为大学生思想政治教育开辟了新的途径。在学生管理教育中，可以根据学生的不同特点，分层次进行政治理论教育、思想道德教育、科学文化教育和心理健康教育，将思想政治工作融入学生的成长成才过程中，充分发挥社团组织的教育引导作用，不断拓宽思想政治教育的覆盖面，提高广大学生思想政治觉悟、科学文化水平和心理健康素质。

大学生特色社团增强了学生管理工作思想政治教育的吸引力和感染力。高校传统的思想政治教育局限在"第一课堂"教学，以"两课"教师为核心、以教室为主阵地、以"说教灌输"为主要方式。而大学生特色社团能够充分发挥"自我服务、自我教育、自我管理"的学生主动性，灵活地开展融思想性、知识性、趣味性于一体的活动，把学生共同的兴趣和积极性调动起来，增强大学生思想政治教育的吸引力和感染力。

大学生特色社团使学生管理工作在思想政治教育方面更有针对性和实效性。当前大学生个性张扬，呈现出需求多样性、多变性的特点，单靠学校组织的集体活动无法满足学生的多种需求。大学生特色社团利用其自身的优势，通过大量灵活的、多方面的活动，使社团成员充分发挥特长把真实的自我表现出来，有利于教育工作者准确把握学生的思想动态和脉搏，调整工作思路，深入细致地做好思想政治教育工作，让思想政治教育工作更加贴近学生生活

和实际、更有针对性和实效性。

◎（二）大学生特色社团成为学生管理工作的新载体

校园文化建设是学校实施素质教育和精神文明建设的重要组成部分，是学生成长成才的内在需要，更是推进学校学生管理工作的重要载体。在学生管理工作中，大学生特色社团作为广大学生中以共同的兴趣或自身需要为基础而自愿组成的群众性组织，开展的各种各样的社团活动，很大程度上满足了学生的需要，已经成为学生管理工作的新载体。

大学生特色社团拓宽了学生管理工作的育人途径。在高等学校体制改革的背景下，每个学生有更多的时间和范围选择自己的去向，或做自己喜欢的事，学生社团大大地满足了他们的要求。尤其是在年级、专业、班级等方面不断弱化的过程中，最直接的、最常见的组织就是学生社团。通过一系列的特色社团活动，社团成员不但使自己的专长或能力得到发展，更重要的是将爱国主义、集体主义与社团活动的开展融为一体，变枯燥的思想政治教育为寓教于乐。

大学生特色社团丰富了学生管理工作的活动领域。特色社团一般以讲座、沙龙、竞赛、参观访问、表演、社区服务、理论探讨等丰富的活动形式，吸引广大同学的参与，广大同学也可以根据自己的兴趣爱好、特长及专业特点等选择参加。同时也可以通过举办各种专业性的学术报告会、座谈会、研讨会等，影响和激发学生科研学术兴趣。这些对学生的正确引导和积极影响，其重要意义超过了活动本身，而是扩展到了学生管理工作的不同领域。

大学生特色社团充分发挥了学生的主观能动性。社团活动的实践证明，众多种类繁多的学生社团不仅可丰富学生的课余生活，同时众多学生社团成员自发、自愿的参与原则也体现了广大同学的利益需求，几乎每位同学都能在自己喜欢的社团中找到自己的位置，并在这个宽阔的舞台上展示自己、锻炼自己。这使学生由过去的被动管理变为主动自我管理，充分发挥了学生主观能动性。

当前，大学生特色社团已逐步成为学生管理工作的独特载体。在这种模式中，学生既是管理者，又是被管理者；学生在这种角色转换中可大大提高自我管理的积极性，增强自我约束力、自我管制能力，既"学到了知识"，又"学会了做人"。

随着高等教育大众化时期的到来和高校教育教学改革的不断深入，大学生特色社团作为学生"自我教育、自我管理、自我服务"的群众组织，作为"第二课堂"的重要组成部分，越来越成为大学生培养综合素质、创新精神、展示自我的平台。随着高校学生事务管理的进一步完善和发展，以学生的学习和发展服务为根本宗旨的社团管理必将给大学生特色社团发展带来强大的生命力。

第三节 大学生特色社团案例分析

绵阳城市学院一直坚持"博学、笃行、严谨、创新"的精神文化，始终坚持把立德树人作为中心环节关爱学生、服务学生。学校秉承"崇尚创新、追求卓越、服务社会、爱护生命"的办学理念，提出具有学校特色的特色社团文化服务及社团组织管理模式，打造出文学类"应用文文学社"、舞蹈类"KDA 流行舞蹈社"、体育类"篮球社"、科技类"遥感技术与测绘协会"、心理类"心理协会社"等 60 余个特色社团，多次举办丰富多样且具有本校风彩风貌的大学生社团活动。这些特色社团的成立，进一步提高了新时代大学生的自我管理能力和综合素质。

【案例分享】

案例一　文化艺术社团——音乐社

一、社团简介

绵阳城市学院音乐社成立于 2018 年，是一个比较"年轻"的社团。音乐社团是一个方便音乐爱好者交流、展现自我、表现才艺的校级社团，也是校园文化传播的一种形式。该社致力于培养同学们对音乐的爱好，同时兼顾学校的艺术表演任务，开展唱歌交流等一系列活动，在快乐中学习音乐，在学习音乐中取得更大进步，极大提升自我素养和人生魅力。社团成立之初共有 66 人，其中指导教师 1 人，社长、副社长各 1 名。音乐社团在成立以来举办了不少典型活动，如《莺啼燕语报新年》欣赏歌唱大赛、绵城音乐节，获得了"社团优秀奖""最佳表演社团"等奖项，充分展现了青年大学生对音乐的态度与热爱。

二、社团成立初衷

音乐社是专为喜好声乐、器乐等多元化音乐的同学创建的。社团创建的初衷：一是为同学们提供良好的音乐交流环境和自我展现的机会，为青年大学生提升个人综合能力、丰富大学校园文化生活创造更多的收获；二是为对音乐有兴趣的同学提供交流场地畅聊音乐想法，让自己对音乐的喜爱更进一步。

三、社团发展及未来展望

（一）完善社团制度，细化部门责任

宣传部：通过多种途径宣传社团活动，制作活动宣传海报，管理社团自媒体账户，负责社团活动摄影、视频后期剪辑。后勤部：租借活动场地、管理社团设备、准备活动前的部署、组织同学就位与退场。策划部：集思广益创办风味活动、撰写策划书、组织社团活动顺利开展。

（二）联动举办校园活动，强化社团宣传工作

音乐社每周定期举办一次社团歌唱小活动，联动校内校外其他社团共享资源，共同合作开展特色活动，如已开展的冬咚咚社团联谊晚会、社团联谊野炊等；积极参加校园音乐活动、参与各大活动的开幕表演、自发组织具有自身社团特色的文娱活动；利用线上线下等多种方式全面推广社团活动，扩大活动覆盖面，增强社团影响力，让更多同学了解认识音乐社，吸引更多志同道合的朋友加入，壮大社团队伍。

（三）注重专业实践服务，拓展社员学习能力

鼓励社员加入活动组织和策划，不仅让社员成为活动的参与者，也让他们成为活动的策划者，让他们既收获参与活动的喜悦又促进自己能力的提升。

四、社团发展的根本宗旨

以人为本，以趣为根，以乐结识知己。

五、社团活动案例——第二届绵橙音乐节：你的热爱我来唱，咱的青春大合唱

（一）活动背景

随着新学期的到来，学生们对疫情后的大学生活充满热情，校园里洋溢着青春气息。为了应援同学们喜欢的歌手和音乐，让课余生活更加丰富多彩，值得给校园学子的大学生活添上浓厚的一笔，因此绵阳城市学院音乐社特定举办线下大型音乐节——第二届绵橙音乐节：你的热爱我来唱，咱的青春大合唱，秉持第一届绵橙音乐节的初心，经过一年的优化，让同学们对热爱的歌手或歌曲在的热情夏至未至的傍晚再次彻底点燃。

（二）活动目的及意义

为了更好地贯彻党的教育方针，使绵阳城市学院学生在德育、智育、

体育、美育、劳育方面全面发展，进一步提高绵阳城市学院学生的艺术修养，丰富课余生活，为广大大学生提供一个特长展现的平台，特此举办第二届绵橙音乐节大型线下活动。

通过本次文娱活动，营造一个积极向上的大学生活氛围，激发绵阳城市学院同学们对音乐的热爱；通过创建大学生喜爱的校园文化活动，让更多同学可以大胆追求自己喜爱的歌手或者歌曲和展现自我喜好；通过本次社团活动让更多的人利用这一平台结识志同道合的人。

（三）活动主题

你的热爱我来唱，咱的青春大合唱！

（四）活动单位

主办单位：绵阳城市学院学生会。

承办单位：绵阳城市学院音乐社。

（五）参与对象

绵阳城市学院安州校区全体师生。

（六）活动时间及地点

宣传时间：2023 年 5 月 4 日。

表演时间：

第一场：2023 年 5 月 19 日 18：30—21：00。

第二场：2023 年 5 月 20 日 17：00—21：00。

活动地点：绵阳城市学院安州校区一期操场（活动期间下雨则改为演播大厅二楼）。

（七）活动开展

1. 活动准备阶段。

（1）活动宣传：线上线下同时宣传，预计宣传时长为两周左右，由社团内部的宣传部对本次活动进行宣传并录制活动相关视频，吸引全校师生参与此次音乐节。

（2）前期报名：线上线下同时报名。

（3）投票筛选：根据同学的投票，在主办方提供的50名华语乐坛的人气歌星（如薛之谦、周杰伦、林俊杰等）中选出最喜欢的6名歌星进行应援。

（4）确定演出歌曲：根据同学的投票，在6名人气歌星中选出他们每个人脍炙人口的4首歌（总共24首歌曲），成为应援歌曲。

（5）确定校园领唱者：寻找这4首歌的校园演唱者，根据匹配和筛选，最后确定这4首歌的领唱者。

（6）确定形式：线下举办，根据应援歌星的应援顺序进行歌曲曲目的演绎；表演中间穿插小游戏活跃现场氛围。

2. 活动举办阶段。

（1）人员安排情况：主持人（2人）、场控组（6人）、后勤组（10人）、摄影组（5人）。

（2）场地安排情况：活动场地为校园足球场（晴天）或者演播大厅二楼（雨天），活动开始前一个半小时布置好活动场地（见表6-1）。

表6-1　活动举办安排表

时间	项目	内容
18：00—19：00	场地布置	节目展示场地入口处布置
		主持、表演人员化妆、换装等
		音响调试、音乐、摄影机、照相机准备
		灯光、投影、消防安全等会前准备情况检查
19：30—21：00	节目展示	由主持人宣布节目展示开始，进行社团节目表演
		节目展示表演结束，主持人总结
21：00—21：20	清理现场	清理打扫现场，清点物资，检查设备

3. 开场。

工作人员安排观众落座并为大家发放应援用品，如鼓掌道具、横幅、海报等。由举办方联合其他社团，推出三到四个节目作为开场表演，本社团表演歌唱节目（一首歌作为暖场节目，4分钟左右），接着由ADC舞蹈社团带来开场表演（舞蹈串烧或一支5分钟左右完整的舞蹈）。

4. 活动进行。

开场结束后由主持人开始主持活动；工作人员维护好现场秩序；宣传部负责此次活动过程中的照片视频资料的拍摄；气氛组适时带动全场气氛，尽量避免尴尬冷场。活动中场，主持人可与观众互动小游戏。游戏结束后，继续音乐节活动表演。

5. 活动结束。

活动结束后，各成员组织活动参与者有序退场。退场后，工作人员对活动场所进行卫生打扫，恢复活动场地原貌。

6. 活动后续阶段。

活动结束后，由活动主办方对本次活动做出总结。通过小组讨论，研判本次活动结果是否达到预期，总结可学习、可改进的地方。同时，宣传部对此次活动中的拍摄材料进行整合，制作活动视频，并通过学校官网、微博、微信公众号等多个平台加强后期宣传，进一步扩大活动影响力。

（八）活动流程（见表6-2）

表6-2　活动流程表

时间	事项
5月4日	进行宣传活动，邀请同学入群
5月5日	进行歌星主场投票

时间	事项
5月8日	进行曲目投票
5月10日	演绎者面试报名
5月11日	进行演绎者面试以及审核
5月12日	确定演绎者名单并且安排排练
5月13日	准备活动物资以及，提前借用场地及设备
5月17日—18日	活动彩排
5月19日—20日	开始活动

（九）学时奖励

1. 其余社团节，4个学时/人（每个节目最多5人）。

2. 主持人4名，4个学时/人。

4. 歌曲演绎者，4个学时/人。

5. 优秀工作者2名，4个学时/人。

（十）经费预算（见表6-3）

表6-3 活动预算表

编号	费用项目	单价	数量	备注	总计
1	海报伴手礼	1元/张	24张		24元
2	自制纪念门票	0.2元/张	120张		24元
3	活动小礼物：零食盲盒	10元/个	6个		60元
4	场地装饰LED小彩灯	20元/个	1个		20元
5	泡沫大荧光棒	0.7元/个	50个	由社团管理部提供	35元
6	舞台布置：圆形地毯2.2m 矮装饰栅栏3m	50元/套	1套		50元
7	音响设备		1大2小		/
8	桌子		5张		/
合计：213元					

（十一）紧急预案

1. 活动控制。

比赛场地居于线下，活动负责人需要保证现场参与者的人身安全及场地完整，做好入场和疏散的秩序管理。

2. 活动安全。

负责活动的巡查工作人员管理活动现场秩序，关注每一个安全隐患，有序疏散人员离场，防止踩踏事件发生。所有工作人员遇突发情况，应按应急预案做好应急处理，及时上报给音乐社负责人并协助处理。

案例二 兴趣爱好社团——浮华安州区配音社

一、社团简介

社团取名浮华安州区配音社。"浮华"指表面豪华、动人，而实际内容空虚、无用；"安州区"指城市学院的地理位置。

二、社团成立初衷

我们处于快速发展的社会经济时代，希望学生处在"浮华""多变"的时代里，能寻找到属于自己的快乐小天地，在配音的世界里展现自己，获得与同学一起配音的那份快乐和成就。社团通过开展一些校园活动，为绵阳城市学院的在校大学生建立一个培养配音兴趣爱好的平台，丰富大家的大学生活。

三、社团成立理由

随着新时代多样性发展，大学生个性明显，越来越多的小众爱好在同学们身边广泛传开。建立该社团是为了让有兴趣爱好的同学聚在一起，找到共同的话题，帮助同学在配音的时间里感受快乐，消除一些同学因找不到合适的平台展现自己而产生的顾虑，更好地发展自己的兴趣爱好。

四、社团发展及未来展望

完善社团制度。将社团分为三个部门：外勤部、财管部和技术部。外勤部，主要负责活动策划宣传，联系活动场所及活动物资的购买等。财管部，负责管理人员资料、各项活动考勤、招新工作、新社员的吸收和凝聚工作，以及社团经费的收纳和支出。技术部，负责教授配音技巧。

未来规划及展望：社团在有限的经费下，线上线下相结合，校内校外相联动，定期组织经典影视配音活动，丰富社团的活动；加强社团宣传工作，通过多渠道宣传，让更多的同学认识了解社团，吸引更多的同学加入，扩大活动覆盖面，增强社团影响力；拓展社员学习能力，鼓励社员加入活动组织和策划，不仅让社员成为活动的参与者，也让他们成为活动的策划者，以此提升学生组织能力和参与活动的喜悦。

五、社团发展的宗旨与形式

宗旨：兴趣是最好的老师。

形式：以社团活动提高同学的凝聚力，更好地发展同学的兴趣爱好。

六、社团活动开展类别与形式

PPT 讲解配音技巧，线上线下皆可；线下举行配音活动，相互欣赏，学习技术。

七、社团案例分析——配制天下声音，悦享畅快人生

（一）活动背景

校园活动是在校大学生的文娱生活，为同学们提供一个提升自我的平台，给同学们一个多样化的人生体验；让学习生活不再枯燥乏味，减轻学习压力；丰富大学课余生活，提高大学生活热情，培养文学素养，以配音的形式表达自己的情绪。

（二）活动目的

通过此次活动，进一步丰富在校学生校园文化生活，展现我校学生

朝气蓬勃、健康向上的精神风貌，培养当代大学生的创新和表现能力，加强同学间的文化交流，激发广大学生对艺术的热爱，推动校园精神文明建设。

（三）活动意义

1. 丰富大学校园活动；

2. 展示大学生风采，建立友谊桥梁；

3. 提高大学生对配音的兴趣；

4. 提升对大学生配音爱好者的配音能力。

（四）活动主题

配制天下声音，悦享畅快人生。

（五）活动对象

绵阳城市学院安州校区、游仙校区全体学生。

（六）活动单位

主办单位：绵阳城市学院学生会。

承办单位：绵阳城市学院配音社。

协办单位：绵阳城市学院学生会社团管理部。

（七）活动时间

时间：2023 年 3 月 26 日 19：00—2023 年 3 月 26 日 21：00。

（八）报名方式

报名地点：线上报告。

QQ 群名：配音活动；QQ 群号：×××××。

（九）活动过程

1. 线上进行拍戏对演；

2. 氛围组负责进行背景音乐等的安排；

3. 活动结束后对参与活动人员进行点评；

4. 参与人员互相交流配音技巧。

（十）注意事项

维护网络环境安全，工作人员加强网络管理工作，群内如有人身攻击、非法违法网络语言等内容，一经发现取消其参赛及观赛资格。

（十一）紧急预案

1. 如遇突发情况，及时上报给配音社负责人并做好应急处理；

2. 如若出现网络故障，及时联系后台网信办负责人恢复。

案例三　专业学习社团——GIS协会

一、社团简介

GIS主要研究人们在应用计算机技术对地理信息进行处理、存储、提取以及管理和分析过程中面临的一系列基本问题。我国GIS的研究和开发已经步入初步繁荣，在不久的将来必将成为高新技术产业中新的经济增长点，具有良好的就业前景。为此，GIS协会致力于为社员夯实基础，将更多更前沿的GIS领域知识分享给全体社员，使广大社员深入了解GIS，提高GIS开发和数据处理能力。

GIS协会是绵阳城市学院现代技术学院的专业特色社团，成立于2017年，基于地理信息科学专业而诞生，现有两名指导教师。协会结合"3S"技术开展社团活动，主要承办的比赛有GIS技能大赛、虚拟仿真测图技能大赛等与地理信息科学专业相关竞赛，同时开设专业软件ARCGIS的授课，让同学们对专业软件的运用更加熟练，增强同学们对软件的学习兴趣，将自己所学专业特别是测绘工程、地理科学与技术、城乡规划等专业加以运用，为将来就业等打下坚实基础。

二、部门主要职责

（一）项目部

主要负责专业社团活动记录，确定每期社团授课主题，提供授课数据、资料，负责社团授课课程，收集每次授课成果，对期末授课成果进行汇总，同时以表格形式记录每次授课的签到情况。

（二）宣传部

负责每期动员大会前的资料准备，新闻稿的撰写、归档，宣传海报的设计，授课过程的摄影记录，社团相关活动的宣传文案撰写、推文的撰写，协助社团招新工作等。

（三）策划部

撰写活动策划书，主持社团活动；同时负责奖品的选择与购买，活动奖状的相关申请等工作。

三、社团活动案例——追寻 GIS 奥秘，热爱永无止限

（一）活动背景

为了扩大专业特色社团的影响力，提高学院凝聚力，通过展现社团的特色，为具有技能潜力和渴望实践操作的同学们提供一个展示自己的平台，社团将推出一个面向学院各专业学子的 GIS 技能大赛。

（二）活动目的

本次活动旨在提高学生的学习运用和实践能力，充分展现学生的学习能力，增强师生之间相关专业知识的沟通与交流，贯彻和落实同学们的学习实践能力，走出课本将知识灵活运用于实际操作，同时也可以突出社团的专业社团特色。

（三）活动主题

追寻 GIS 奥秘，热爱永无止限！

（四）活动时间及地点

时间：2023 年 4 月 22 日晚上 18：00—21：00。

地点：绵阳城市学院（安州校区二期）博远 208。

（五）活动对象

绵阳城市学院现代工程学院全体在校学生。

（六）活动流程

1. 宣传报名阶段（4 月 15 日—20 日）（见表 6-4 ）。

表 6-4　宣传安排表

	宣传方式		具体内容
前期宣传	线上宣传	微信QQ	通过我院官方微信公众号或者 QQ 空间宣发，进行活动预告宣传。调动广大学子参加活动的积极性，加大活动推广度，吸引更多学生参与本次活动
中期宣传	线上宣传	微信QQ	通过发布 QQ 空间推文、微信公众号等活动进行的实时报告，引导号召更多的建工学子参与和关注到本次活动
后期宣传			对活动进行回顾与整理，及时撰写新闻稿宣布活动的顺利开展

2. 具体流程准备阶段（4 月 16 日—26 日）。

比赛时间：2023 年 4 月 22 日。

比赛地点：绵阳城市学院安州校区博远 208。

提交成果时间：2023 年 4 月 22 日。

3. 注意事项。

比赛期间不可交头接耳，否则判为作弊；超过规定时间提交的成果不予接收；不可盗取他人比赛成果，否则双方均被取消比赛资格；不得连接互联网，不得使用帮助文档，可以使用 SuperMsp、QGIS 等 GIS 软件。

（七）活动单位

主办方：绵阳城市学院现代工程学院。

承办方：绵阳城市学院现代工程学院 GIS 协会社团，

绵阳城市学院超图校园大使团队。

协办方：绵阳城市学院现代工程学院社团部。

（八）作品评选方式

1. 比赛内容：参赛选手根据教师所出题目按要求在规定时间内完成比赛。

2. 作品评分标准：比赛结果满分为 100 分，各项指标要求如下。

（1）绵阳城市学院安州校区一期建筑和道路矢量化，每栋建筑的名称是否添加完整（15 分）；

（2）投影是否正确转换（5 分）；

（3）相关字段是否转化为时间字段（10 分）；

（4）根据提供的建筑物照片，建立照片和建筑的链接，用户单击建筑物时能够到建筑物的实景照片（20 分）；

（5）时间字段是否正确（一年一月一日 时：分：秒）（10 分）；

（6）制作台风轨迹图，用不同的符号表示台风不同时刻的等级（10 分）；

（7）制作台风符号（10 分）；

（8）制作台风移动轨迹动画（10 分）；

（9）制作烟花台风影响城市分布图，并用不同符号表示影响程度（10 分）。

3. 奖项设置。

（1）参赛人员：一等奖 1 名，二等奖 2 名，三等奖 2 名，优秀奖 1 名，共计 6 个名额。

（2）工作人员：优秀工作人员 1 名。

（3）指导教师：优秀指导教师 1 名。

（八）活动经费预算（见表 6-5）

表 6-5 活动经费预算表

序号	经费出处	用途	备注	数量	单价 / 元	总计 / 元
1	奖状	比赛奖励	申请	6（张）	/	0（已有资源）
2	U 盘	比赛奖励	申请	3（个）	27	81
3	鼠标	比赛奖励	申请	1（个）	109	109
4	充电宝	比赛奖励	申请	2（个）	100	100
总计 290 元						

（九）应急方案

1. 现场维持秩序人员立即到达相关岗位，采取相应的应对措施；参与活动的各部门和个人都应当服从现场维持秩序人员所做出的决定和命令。

2. 活动事故发生后，事件第一发现人应及时向活动负责人汇报，进行事件调查和现场处理的同时，如出现受伤人员，及时送往医院。

3. 活动组织者要维持现场秩序、采取疏散、隔离等措施，加强纪律管理。